国語好きを活かして
在宅ワーク・副業を始める

文字起こし&テープ起こし 即戦力ドリル

廿 里美 著

目次

教材ファイルダウンロードのご案内…3　　音が聞こえないときは…4
本書の内容…5　　自己紹介…6

文字起こしとは

はじめに…8

第1章　文字起こしの仕事と働き方…12

文字起こしの基礎知識

第2章　文字起こしの準備…30
新聞表記と速記表記のテキスト／必要なもの／文字起こし用の音声再生ソフトExpress Scribe／フットスイッチ／文字起こしの基本的な作業方法／聞き打ちキーボード、ヘッドホン、スピーカー、音声編集ソフト

第3章　仕様ドリル…46
要約、逐語起こし、ケバ取り、整文／仕様とは／仕様書の読み解き方
ケバ取り・整語・整文の処理例／言葉の修正ドリル

第4章　表記ドリル…66
表記の主なルール／漢字・数字・外来語・英字・固有名詞・約物の書き方
表記ドリル／平仮名の表記／？の使い方

第5章　入力ドリル…78
目標タイム／Wordの書式設定・文字カウント／入力ドリル／Wordの編集記号の表示・字下げ設定・校正機能／日本語変換システム／入力の小ワザ／音声入力

第6章　仕事の流れとネット検索ドリル…92
仕事の流れ／請求について／正しい聞き取りのために／ネット検索のスキル
ネット検索ドリル／録音から手掛ける場合

文字起こしドリル

第7章　講演を起こす…104
単独のトークの種類と特徴／講演起こしドリル／特記事項の連絡方法

第8章　インタビューを起こす…110
インタビュー系の種類と特徴／インタビュー起こしドリル／インタビュー音声への対処方法／「非常に強い整文」／要約や議事要旨

第9章　会議を起こす…120
会議の種類と特徴、用語／会議起こしドリル／やじ、笑い声、拍手の処理方法

第10章　動画、聞き取り困難な音声、長い音声…124
動画起こし／動画の変換／聞き取り困難な音声を起こす／騒音の低減方法
方言の処理／長い音声を起こす／資料の参照／出力校正

実務をスタートしよう、そしてさらに学ぼう

在宅ワーク（テレワーク）の知識…134　　Q&A…138

コーヒーブレーク…28、102、132

教材ファイルダウンロードのご案内

本書専用の教材ファイルをダウンロードして使用することができます。
教材ファイルは、下記の方法でダウンロードしてお使いください。

① **株式会社エフスタイルのウェブサイト**（https://www.f-st.biz/）で
「**教材ファイルはこちらからダウンロード**」をクリック

② 開かれたページで、本書『国語好きを〜〜』の表紙画像をクリック

③ パスワードを入力するウィンドウが開く。次の文字列を入力して「確定」
をクリック

   パスワード **091312**
   ※パスワードは、全て半角数字で入力してください。「パスワード」という文字を入力する
   必要はありません。数字の前や後ろにスペース記号を入力しないようご注意ください。

④ ファイルをダウンロードするためのページが開く

⑤ ダウンロードボタンをクリック

⑥ 自分のパソコンに保存されたファイル「moji.zip」を
右クリックして「すべて展開」を選択（ダブルクリックしない）
  ※何らかの圧縮・解凍ソフトがインストールされている場合、操作はこれと異なることが
  あります。

展開すると8個のフォルダが表示され、それぞれのフォルダ内にファイルが
収録されています（表示されるアイコンの形は下記と異なることがあります）。

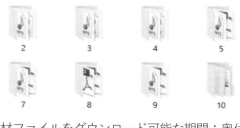

フォルダ「2」は本書の第2章用、フォルダ「3」は第3章用（以下同様）のファイルが収録されている。

第1章と第6章では音声を使う実習を行わないため、「1」と「6」のフォルダは存在しない。

教材ファイルをダウンロード可能な期間：奥付に記載の発行年月から2年間

※実際にはもう少し長い期間、ダウンロード可能です。株式会社エフスタイルのウェブサイトから上記①〜⑤をお試しください。

※一時的なサーバーのエラーでダウンロードできないことがあります。数日待ってから再度お試しいただき、それでも無理な場合はウェブサイトのお問い合わせからご連絡ください。

※直接ダウンロードページに行く場合のURL https://www.f-st.biz/moji.html

※教材ファイルは、本書をご購入いただいた方が個人的に利用されることを原則とし、著作権者に無断で営利目的に使用することや、企業や団体内でのコピー、再配布等を禁止します。

※教材ファイルに収録したデータの使用結果につきましては、いかなる場合でも制作者および株式会社エフスタイルは責任を負いかねます。あらかじめご了承ください。

◆音が聞こえないときは
　音声ファイルを聞くときには、音量を調節してはっきり聞き取れるようにします。音量の調節は、音声再生ソフト、パソコン、外付けスピーカーなどで行います。
方法①音声再生ソフトの音量つまみで調節
　音声再生ソフトの画面に表示される音量つまみで、音量を調節します。ただし、微調整用なので、最大限にしても音が小さいと感じることもあります。
方法②パソコンのボリュームコントロール機能で調節
　ボリュームコントロールは画面下（タスクバー）の 🔊 をクリックすると表示されます。
方法③外付けスピーカーの音量つまみを調節
　パソコンに外付けスピーカーを接続している場合は、スピーカーの音量つまみを調節します。

音が全く聞こえない場合は、次の**チェックポイント**を一つずつ確認していきましょう。
①ボリュームコントロールの「ミュート」にチェックが入っていませんか → チェックを外します。
②スピーカーにスイッチが付いている場合、スイッチはオフになっていませんか → スイッチをオンにします。
③ヘッドホン利用の場合、ヘッドホンのプラグが差し込み口の奥までしっかり挿さっていますか → プラグを挿し直します。
※このチェックポイントに問題がないのに音が出ないときは、お使いのパソコンのユーザーサポートセンターなどにお問い合わせください。

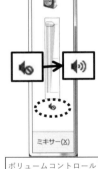

ボリュームコントロールがミュートになっていて音が出ない状態（左）音が出る状態（右）

パソコンの操作について
本書では、パソコンの基本的な操作については説明していません。パソコンに関する用語や操作は、ご自身で勉強してください。
本書の学習において、パソコンのOSはWindowsでもMacでも問題ありません。ただし本書では、パソコンの操作方法を主に次のOSとアプリケーションソフトのバージョンで解説しています。
OS：Windows 10
文書作成ソフト：Microsoft Office Word 2013（本書ではWordと呼びます）
他に音声再生やブラウザーなどのアプリケーションソフトを掲載、説明しています。

■MicrosoftおよびWindowsは、米国Microsoft Corporationの、米国、日本およびその他の国における登録商標または商標です。Macは、米国および他の国々で登録されたApple Inc.の商標です。その他、本書に記載している会社名や製品名、プログラム名、システム名などは一般に各社の商標または登録商標です。本文中ではTM、®マークは明記していません。
■本書に記載しているURL、ソフトウエア名やデータ類は、全て2017年7月現在のものです。変更される可能性もありますのでご注意ください。

本書の内容

　本書は、文字起こしの入門書です。文字起こしの**副業**や**在宅ワーク**（非雇用型テレワーク）をしてみたい方に役立てていただけます。仕事の探し方なども具体的に紹介しています。また、**現在の仕事で文字起こしが必要**な方にもアドバイスします。

　「はじめに」と第1章で、文字起こしの仕事内容を紹介します。あなたの国語好きという特質がこの仕事で生かせそうか、確認してみてください。文字起こしが社会のどんなところで活用され、誰から仕事が発注されているか、今後も継続的に仕事が発生しそうかなども取り上げます。第2章～第6章では、文字起こしに必要なものを解説し、文字起こしの手順を説明します。表記の知識やタイピングのスキルなどを、音声を起こしながら身に付けていただけるようになっています。第7章～第10章には、よりリアルな音声を収録しています。比較的易しい音声からスタートして、録音状態の悪い音声などにもチャレンジできます。「実務をスタートしよう、そしてさらに学ぼう」では、文字起こしの仕事の探し方や、さらに学ぶ方法について取り上げます。

　本書にはダウンロード教材が付属しています。3ページの案内に従って必ず教材をダウンロードし、実際に文字起こしをしながら学習してください。

お問い合わせについて
・パソコンの不調等については、お使いのパソコンメーカーのサポートセンターなどにお問い合わせください。
・ダウンロードした音声が再生できない（パソコンから音が出ないなど）場合は、4ページの解説内容をお試しいただき、それでも音が出ない場合は、お使いのパソコンメーカーのサポートセンターなどにお問い合わせください。
・文字起こしの起こし方は人によって多少異なるのが普通です。自分の起こしたものと本書に掲載した解答例の起こし方が違っていても、「こういう起こし方は違うのか」等の個別のお問い合わせにはお答えしておりません。

●●● 自己紹介 ●●●

　あらためまして、こんにちは。廿(にじゅう)里美です。文字起こしの仕事をしています。厚生労働省などの事業で、文字起こしの講師をした経験もあります。

　家で仕事をしたくて、長女出産後の1995年に文字起こしを初体験。そのときは仕事が軌道に乗らなかったのですが、次女出産後の1999年に再チャレンジしました。まず2社に在宅スタッフとして登録しました。次女が保育園に入ってからは、出版社などから直接、仕事を受注するようになりました。

　長女の発達障害が小学校時代に判明し、担任との面談など平日の昼間に出かける用事がたくさん発生しました。夫の父ががんになって、大学病院にたびたび付き添ったりもしました。文字起こしは自由な時間にできる仕事で、本当に助かりました。

　やがて残念ながら夫の父は亡くなり、一方で長女は自分なりのリズムをつかみ……。そんなとき声をかけてもらって、今の会社に就職しました。仕事は相変わらず文字起こしです。起こす音声の内容は1本ずつ違いますから、20年近くこの仕事をしていても、全く飽きていません。

　本書は文字起こしの入門書です。でも、堅苦しい概論を書いたつもりはありません。10年間の在宅ワーク＋9年目の会社員として私が現場で見聞きしてきたことを、個人的な思いも交えて書いてみました。

文字起こしとは

■はじめに

■第1章　文字起こしの仕事と働き方

はじめに

　会議やインタビューなどの、人の話が録音された音声を聞いて、話の内容を言葉通りに文字に書く。それが文字起こしの仕事です。

「音声を」「聞いて」「文字に」「書く」

　この4つの側面から、「音声起こし」「聞き起こし」「文字起こし」「書き起こし」と呼ばれます。聞き取る媒体は、現在は音声ファイルや動画ファイルですが、以前はカセットテープやビデオテープでした。そのため「テープ起こし」とも呼ばれています。1つの仕事に複数の名前があります。

音声起こし、聞き起こし、
文字起こし、書き起こし、テープ起こし

　本書ではこれらを代表する名称として「文字起こし」と呼びます。「文字化する」というのが、この仕事の本質だからです。

※「書く」といっても、現在は手書きではなく、パソコンで入力します。

> **OnePoint**
> 「文字起こしをする人」の呼び方も、今のところさまざまです。テープライター、リライターや、ちょっと難しい言い方ですが録音反訳者(はんやくしゃ)、単に「文字起こしをしています」「テープ起こしをしています」と名乗る人もいます。英語圏では、トランスクライバーもしくはトランスクリプターと呼ばれるようです。
> ピアノを弾く人→ピアニスト、**起こしをする人→オコシスト**という連想で、私はオコシストと名乗っています。

◆なぜ「起こし」と呼ばれるのか

　録音された音声には情報がぎっしり詰まっています。しかし、音声が録音されたレコーダーを見つめても、話の内容は何も分かりません。いわばレコーダー内に**情報が眠っている**状態です。

　話の内容を知るには録音された音声を聞いてみるしかありませんが、2時間の音声を聞くには2時間かかります。重要なところに書き込みをしたいと思っても、音声のままでは不可能です。

音声の内容を文字にすることによって、情報が見えやすく、使いやすくなります。それを「眠っているものを起こす」と捉えて、この仕事は「○○起こし」、文字起こしやテープ起こしと呼ばれるわけです。

◆**文字起こしは国語の好きな人に向いている**

　私たちが起こす音声には「言葉」が録音されています。**言葉を聞いてその通りに入力します。**簡単そうに思えますね。

　ところが、やはり向き不向きはあります。文字起こしの仕事には国語好きな人が向いています。

　ポイントはあくまで**好きかどうか**です。「学校時代に国語の成績が良かったというほどではない」という人でも、全く問題ありません。いわゆる理系の進路を歩んできた人でも、**国語好きなら大丈夫**です。

　文字起こしの仕事では、自分の全く知らないジャンルの話題を起こすこともあります。知らない言葉が音声に出てきたときは調査力や推理力が必要なのですが、**言葉の調査力や推理力に影響するのが、実は国語力**です。

◆**学校の国語は話し言葉について教えていない**

　「国語力が要るなら、国語の成績が良かった人でないと無理なのでは？」

　そう思われるかもしれません。ところが、学校の国語では、話し言葉についてはさほど教えていません。「結論を先に言う」とか「みんなに聞こえるようにはっきりした声で話す」程度ではないでしょうか。

　話し言葉には、書き言葉とは異なる特徴があります。語順や語彙も、書き言葉とは異なります。そもそも話し言葉は本来「聞く」ものですから、文字起こしでは次のように関係がねじれるのです。

普通の関係	文字起こしは…
「話し言葉を→聞く」 「書き言葉を→読む」	「話し言葉を→読む」ために、 **読んで内容が分かるものにする**

　これはほとんど誰でも初めての体験ですから、いわばスタートは横一線。

あとは楽しんで取り組めるかどうかです。ですから国語が好きであることが大事なのです。

◆「そんなの全然違う」と言いたいけれど

話し言葉には、話す人の気持ちや、話す人と聞く人との人間関係が投影されます。

例えば誰かの意見を聞いて、内心「そんなの全然違う」と思ったとします。

その意見を表明するのに、文章なら「そうとは断定できない面がある」とでも書くでしょうか。内心の声よりはマイルドです。

では、お偉方が大勢出席している会議で、あなたが一番末席だとしたら何と発言するでしょうか。いっそ黙っていたいけれども、役割上、どうしても否定の発言をしなければならないとしたら。

> 必ずしもそうとは言い切れない部分が、まあ、もしかしたらのことではありますけれども、あるかもしれないなあと、ちょっと思ったりするわけでありまして……。

このぐらいの婉曲表現になるかもしれません。なんと、内心の思い「そんなの全然違う」の9倍もの文字数です。

※文字起こしは一般に横書きします。そのため、本書も横組みにしています。

◆あらたまった話し言葉には多少の婉曲表現が付き物

言い回しを修正せず、完全に発言通りに文字化してほしいと言われた場合は、上記のような文字化でOKですが「極端過ぎる婉曲表現は少し整理してほしい」と指示されたら、どう文字化すればいいでしょうか。

「それは全然違います」は誤りです。発言者は、この会議において断言する意図はありません。むしろ、ぼかす表現を必死に積み重ねたのです。短く端的に表現する場合でも「そうとは言い切れません」が無難でしょう。多少の婉曲表現を残すなら、次のような感じになります。

> 必ずしもそうとは言い切れない部分があるかもしれません。

◆「登場人物の気持ち」はストライクゾーン内なら大丈夫

　学校時代、国語のテストには、小説などを題材にして次のような問題がよく出てきましたね。

> このときの主人公の気持ちに近いものを、次の①〜④の中から1つ選びなさい。

　国語のテストに「登場人物の気持ち」が出題されても、「このときのこの人物はこう思っているはずだ」と、独自な解釈をする自由はあるはずです。特定の1つの選択肢以外は不正解と採点されるのは、本当は理不尽です。

　文字起こしも、先ほどの婉曲表現の手直しに見るように、そのときの発言者の立場や気持ちを推測します。しかし、幸いにも文字起こしにおいては、1つの選択肢だけが○であとは全部×という評価ではありません。野球のストライクゾーンのような範囲を想定して、その範囲に収まっていればOKとされます。

◆文字起こしに固定の正解はない

　おかげで、逆の厄介事もあります。本書は音声を起こしながら文字起こしを学べるようになっていますが、固定の正解は示せないのです。「正解」を示した章では1字でも異なっていれば×ですが、「起こし例」を掲載した章もあります。起こし例はあくまで一例ですから、あなたの原稿が起こし例と多少異なっていても、ストライクゾーン内に収まっていれば問題ありません。

　自分の起こしはストライクゾーンに入っているのか、それともボール球なのか？　それはご自身で判断してください。国語好きなあなたのセンスに期待します。何を根拠に判断するべきかは、できるだけお示しするようにします。

第1章
文字起こしの仕事と働き方
・文字起こしは仕事をスタートする方法が確立している
・文字起こしの仕事はマスコミ系と官公庁系に大別される

あなたが文字起こしに興味を持たれたのは、どんな動機でしょうか。

> 副業にできるかなと思って

> 介護や育児と両立させやすい、自宅でできる仕事って聞いたから

> リタイア後の生きがいとして

それらの希望はどれも実現可能です。文字起こしは副業に向いています。家庭とも両立させやすい仕事です。リタイア後の仕事にも向いていますし、年齢、性別、居住地を問わない仕事です。文字起こしの派遣や正社員という道も実はあります。

「現在の**仕事や地域活動**などで文字起こしが必要になったから」という理由で学びたい人もいるでしょう。もちろん、本書の内容はそういう方にも役立てていただけます。

◆仕事はある、仕事をスタートする方法も確立されている

まずは、副業などをこれから始めたい人のためのアドバイスを書きますね。文字起こしを勉強してみようと思ったとき、心配なのは次のようなことではないでしょうか。

文字起こしの仕事は本当に存在するのか？

現在の仕事に文字起こしが必要になったという動機の方以外は、仕事の有無がポイントだと思います。

答え、「**仕事はたくさん存在します**」。

むしろ、あなたが本当に質問したいことは、

文字起こしを勉強した後に、仕事をスタートするルートはあるのか？

ではないでしょうか。

育児などの事情で退職した元プログラマーや元システムエンジニアから、文字起こしを勉強したいという相談を受けることがあります。

プログラミングのスキルを生かせばいいのにと思って聞いてみると、「今まで、規模の大きいシステム（のごく一部）を担当してきたので、それ以外を知らない。単独でこなせるようなコンパクトなサイズの仕事を経験していないし、そういう仕事が存在していても受注方法が分からない」という答えが、しばしば返ってきます。

プログラミング系の人材が足りないと騒がれている中で、本人はスキルを持っているのに、発注側と受注側がうまく結び付いていないのです。

その点、文字起こしは、プロジェクトの大小で仕事内容が異なるわけではありません。また、**個人で仕事をするルートが確立**しています。ルートは何通りかありますが、**文字起こしの会社の在宅スタッフとして登録する**という方法が最もメジャーです。

◆パソコンとインターネットがあればどこでも文字起こしはできる

例えば私が仕事をお願いしている在宅のスタッフは、20代から60代までの男女約30名です。10代と70代以上はまだ選考に合格した方がいませんが、年齢制限は設けていません。在宅スタッフさんは居住地域も幅広く、何と両立させているかもさまざまです。翻訳や校正との掛け持ち、会社勤務との掛け持ち、農業との掛け持ちなど、皆さんうまくバランスを取っているようです。

パソコンを持っていてインターネットが通じていれば（そして当然ですが文字起こしのスキルを持っていれば）、どこにいても文字起こしの仕事は可能です。

日本中に、文字起こしの会社というか、テープ起こしの会社というか、速記会社というか……はたくさんあります。急成長中で「今年は在宅スタッフを100名採用するぞ」と意気込んでいる会社もあります。

◆仕事はマスコミ系と官公庁系に大別される

「**日本中**」「**速記会社**」については、少し説明が必要ですね。そもそも、どんなところでどんな文字起こしの仕事が発生しているのかをご説明します。

文字起こしの仕事は、マスコミ系と官公庁系に大別されます。

【マスコミ系】

インタビューや座談会などの録音音声を起こす仕事です。発言通りに起こされた原稿をもとに、記者やライターが記事を書くわけです。マスコミの大手企業は東京に集中していますから、マスコミ系文字起こしの仕事は東京で最も多く発生します。

【官公庁系】

代表的な仕事は**議会**の会議録です。全ての都道府県や市町村は、議会でのやりとりを速記で記録し、会議録を作成し、公開・保存することになっています。

速記というのは、独特の符号を使って話し言葉をリアルタイムで書き取り、後でその符号を普通の文字に書き直すという技術です。明治時代に日本語用の速記術が開発され、現在に至るまで改良されて使われてきました。

◆会議録の使命は情報公開と情報保存

議会でのやりとりは、発言通りに記録されます。簡潔に要約した方が読みやすいのですが、それだと要約する人の主観で記録をねじ曲げることもできてしまいます。発言通りに記録する意味は、誰かにとって**都合の悪い発言が飛び出しても、書き換えない**というところにあります。発言通りに記録し、情報を公開・保存することによって、後日の確認、さらには後世の人が検証できるようにするのです。

録音が簡便に行えるようになるまで、発言通りの会議録を作るためには速記技術が必須でした（現在は、録音音声から書き起こす技術である文字起こしも、議会の会議録作成に携わっています）。ですから、歴史ある文字起こしの会社は速記会社としてスタートしており、現在も「○○速記」という名

前の会社は多いのです。

　議会は日本全国にありますから、日本全国に速記会社が存在して、それぞれの地域の仕事を担ってきました。このような経緯から、スタッフを募集している会社は日本中にあるわけです。また、現在は録音音声の受け渡しをインターネットで行いますから、地方在住でも東京などの会社にスタッフ登録することが可能です。

◆ダウンロードができないとトライアルに落ちる

　文字起こし業界のスタッフ選考は「トライアル」と呼ばれることが一般的です。自宅で音声ファイルを受け取って、仕様通りに起こし、指定された方法で納品するというテストです。

　作業全体のプロセスが選考になっているため、音声ファイルをインターネット上からダウンロードできないとか、Wordファイルに指定されたパスワードをかけられないようでは、落ちてしまいます。文字起こし自体のスキルアップと並行してこのような周辺のスキル、すなわち**インターネットやパソコンの使いこなし**も身に付けましょう。

　もちろん、選考方法は各社それぞれです。実技に加えて、対面での面接やペーパーテストを実施する会社もあります。

◆数百名の登録者がいても足りていない

　大きい会社には数百名の在宅スタッフが登録しています。それでも各社はほとんど一年中、ウェブサイトに募集情報を掲載しています。優秀な人材はどこでも足りないのです。「優秀な人材は」ですよ。文字起こしは一応は誰でもできるのですが、誰でもできてしまう程度では、難しい音声を理解して正しく文字化することはできません。

　トライアルに合格した人ならみんな優秀なはずです。ところが、「トライアルの際の原稿は良かったのに、実務ではなかなかその完成度に到達しない」という人もいます。スタッフ登録できた人もそこで安心してしまわないで、仕事のかたわら、勉強を積み重ねていく必要があります。

　学習中から、文字起こしのスキルだけを学ぶのではなく、仕事の訓練だと

思ってパソコンに向かいましょう。学習時間をできるだけコンスタントに取ること。たとえ心配事がある日でも、パソコンに向かったら質の高い原稿を仕上げる努力をすること。そういう習慣を付ければ、実務でも役立ちます。

◆副業が脚光を浴びている

　就業人口が減っている今、女性の社会進出が期待されています。でも、育児など家族の事情と勤務を両立するのは決して楽ではありません。私も、子供が生まれたために、家でできる仕事を探した一人です。

　もちろん、自宅で仕事をしたい男性もいます。今注目されているのは副業です。副業禁止という従業員規則の会社が多いのですが、それを緩めてはどうかという議論がなされています。視野や経験の幅が広がるからと、むしろ社員に副業を奨励している会社も登場しているほどです。

　生活費の足しに、あるいは生きがいづくりに、文字起こしをしたいリタイア世代の人もいます。親の介護と両立したいという事情も最近増えています。身体の病気、メンタルの不調、発達障害などがあるため、家で自分のペースでできる仕事を探したいという声も、男女を問わずあります。さらには、私が「和菓子屋問題」と呼んでいる事情もあります。

　この話をしてくれたのは、和菓子屋を営んでいる男性でした。店は忙しい日や忙しい時間帯もあるが、暇な日や暇な時間帯もある。そんなとき手軽にできて、少し副収入が得られる仕事を探しているということでした。

◆助け合うためには文字起こしのスキルが必要

　「世の中に、手軽にできる仕事なんてない。仕事は片手間にやるものじゃない」

　生真面目な人なら、そう考えるかもしれません。

　片手間というのは雰囲気の良くない言葉ですね。「両立」でどうでしょうか。他の自営業との両立、会社勤務との両立、育児や介護との両立、病気や障害との両立。

　両立を否定するのが、従来型のいわゆる「男性・無限定社員」の世界です。仕事に打ち込むために、育児にも介護にも距離を置くのが当然とされていま

した。長時間労働が可能な人ばかりが高く評価されました。

　そういう社会が限界に来たために、今「家庭と仕事」や「病気と仕事」の両立が模索されているのです。

　文字起こしの世界では、お互いに事情があることを認め合い、可能な範囲で仕事をします。みんなの力を結集することで、1件1件の音声に対応していくのです。

◆個性の強い原稿はNG

　だからこそ、学ぶことが必要になります。文字起こしの世界では、みんなが共通の知識やスキルを持ち、同じように文字化します。そうすれば、仕事を分担でき、互いにいつでも代われるからです。

　家庭の事情や病気の有無にかかわらず、個性的な原稿を作ってはいけないという注意は同じです。

　例えば会議などは、「月1回開催され、それが何年も何十年も続く」といったものがあります。例えば私が受注している案件では、最近第100回が開催され、まだまだ何年も続く見込みという会議があります。一人の人が永遠に起こし続けられるわけではありません。担当者が替わっても起こし方のテイストが変わらないよう、記録としての一貫性を保つ努力が必要なのです。

　なんだか、抽象的な話ですね。例を挙げましょう。

◆会議の録音音声。出席者の鈴木氏が「かちょうちがうんですか」と発言した

　Aさんの解釈→鈴木氏は激しく追及した。

> 鈴木：課長！　違うんですか！

　Bさんの解釈→鈴木氏は意気込み過ぎて、口調が間延びした。

> 鈴木：課長ーっ、違うんですかぁー。

　Cさんの解釈→鈴木氏は我を忘れただけだ。丁寧に言いたかったはずだ。

> 鈴木：課長、それは違うという解釈で合っていますでしょうか。

ごく短い発言をとっても、書き方はこのぐらい異なります。標準的な起こし方を勉強しないと、起こす人によって全く違う議事録になってしまうことがお分かりいただけると思います。
　口調を無理に再現せず、かといって発言されていない言葉に書き換えたりせず、次のように書くのが正しい起こし方です。

　　普通の起こし方　　　　　鈴木：課長、違うんですか。

　　整える起こし方　　　　　鈴木：課長、違うのですか。

◆1時間の音声を5時間で起こせれば早い方

　家庭の事情などとの両立を目指す場合は、文字起こしのスキルと同時に、自分の生活や集中力をコントロールするスキルも必要です。
　両立だと、なかなか思うように仕事時間が取れず苦労します。でも、要は仕事の能率をアップさせればいいのです。ある人は1時間の音声を作業時間5時間で起こします。勉強をスタートしたばかりの人だと、1時間の音声を起こすのに15時間かかるかもしれません。練習でタイムを縮めていきましょう。
　……今、ギョッとしてしまった人も多いと思います。
　1時間の音声を文字起こしするのに、速い人でも5時間？
　正確には、音声長さの5倍というのは録音の音質が良く、話の内容がある程度平易な場合です。音質が悪かったり、内容が極度に専門的だったりすると、慣れた人が起こしても5倍の時間では仕上がりません。音声長さの10倍程度かかる案件もあります。
　私は過去に、1時間の音声を3時間ちょっとで起こしたことがあります。この案件は、録音状態が良く、難しい言葉が全く出てこない話の内容で、しかも当時の私は30代で気力・体力が今よりありました。これは例外的なスピードだったといえます。

◆きっちり起こした原稿はライターにも歓迎される

　ライターや編集者は、「取材は楽しいけど、文字起こしは**音声長さの2倍**ぐらいの時間がかかるから面倒」とよく言います。文字起こしのプロでも**5倍**かかるのに？と不思議ですよね。実は、取材した本人（というか、記事を書く本人）は、要点をメモする程度だったり、記事に使わない部分は最初から起こさなかったりするので、2倍の時間で済むのです。

<u>OnePoint</u>　ライターや編集者が文字起こしを学ぶことにも大きな意義があります。2倍だった作業時間をさらに短縮できるからです。

　ライターや編集者が普段そういうふうに起こすからといって、文字起こしのプロが一言一句を丁寧に起こした原稿が役立たないわけではありません。「取材のときは分からなかったけど、こんなつもりで言っていたのか」「次の質問を考えることに気を取られて、大事な発言を聞き落としていた」……きちんと起こされた原稿を読むとそういう気付きがあり、記事が書きやすくなると、ライターや編集者は口をそろえます。

◆文字起こしの上達を楽しもう

　「日本語の話を聞き取って書くのが、そんなに大変？」と思われたことでしょう（本書は『国語好きを〜』ですので、日本語の文字起こしに限定して書きます）。

　文字起こしは、案外難しいのです。第2章からは皆さんにも実際の音声で体験していただきます。練習中に、「音声長さの15倍の作業時間」から「音声長さの6〜7倍の作業時間」ぐらいまでもっていきましょう。きちんと取り組めば、すぐ縮まります。あとは実務に就いてから縮めることができます。

　本書のダウンロード教材に取り組むときは、時間を計測する習慣を付けて、文字起こしがだんだん速く、うまくなる感覚を楽しんでください。本書はいくつかのドリルで、自己採点用のチェックシートを付けています。

◆登録型でも個人事業者

　速い人と遅い人で3倍もスピードが違う。もらえる報酬は出来高払いなので、どちらも同じ。仕事の遅い人にとってはがっかりです。

しかし、畑の野菜を収穫するのに人の3倍も時間がかかったからといって、野菜が3倍の値段で売れるわけではありません。自営業の人なら、すぐ理解できる話です。給料をもらった経験しかないと、理不尽に思えますね。給料はたいてい、時給、月給など、働いた時間を単位にして支払われるからです。

　給料ではない？　そうです。文字起こしの仕事は一般に、雇用ではありません。文字起こしの会社に在宅スタッフとして登録する場合、それは**雇用ではなく業務委託**という形式になります。**在宅ワーク**とか非雇用型**テレワーク**と呼ばれる働き方は、自宅を拠点に自分で仕事をする**個人事業者、すなわち自営業者**です。

　個人事業者は一国一城の主です。複数の会社に掛け持ちしてスタッフ登録することも自由です。合わない会社なら、スタッフ登録をさっさと解除しましょう。技術さえあれば、どこの会社でも仕事ができます。ただし、仕事が遅いとお金になりませんが、「速いけど大ざっぱな人」には仕事そのものが回ってきません。仕上がりと速さの両立を目指しましょう。

◆直請けは「好収入」が期待できる

　いっそ、文字起こしの会社にぶら下がっていないで、仕事の発生元から直接受注することも検討しましょう。登録型より好収入が期待できます（「高収入」は、文字起こしでは難しいかもしれませんが）。

　目指せ直請け！ と、在宅ワーク講座などで講師をするときにいつも言っているのですが、実行する人はまれです。雇用ではなく業務委託とはいえ、それでも特定の会社の在宅スタッフになる方が安心と考える人が多数派のようです。

　直請けの場合は、自分で金額を提示して**商談**することになります。また、文字起こしの会社は文字起こしのことをよく知っているのに対して、一般企業は文字起こしのことを知りません。「プロに任せておけば大丈夫だろう」と**丸投げ**されます。信頼（放置？）に応えられる品質に、自力で仕上げる必要があります。それを不安に感じる人だと直請けは向きませんが、やりがいがあると思う人は自分で顧客を探して踏み出してみてください。

直請けという言葉には、コネをたどって売り込みに出向くというイメージがありますが、自分の**ウェブサイト、ブログ、SNSから問い合わせを呼び込む**こともできます。

OnePoint　私が登録型から直請け型に切り替えたとき（本書執筆時点から約18年前）は、ウェブサイトとメールマガジンで顧客を獲得しました。インターネットを活用している文字起こしの会社が少なかったので、素人の簡単なウェブサイトでも結構問い合わせが入りました。今もインターネットの活用は有効ですが、当時よりは研究が必要と思われます。

◆クラウドワーカーという手もあるが

　登録型と直請け型の他に、単発の仕事を狙うという方法もあります。**クラウドソーシング**というサービスを利用します。これは、仕事の発注者と仕事を受注したい人がインターネット上で出会えるサービスです。

　ただし、クラウドソーシングの運営企業は、あくまで出会いの場を提供しているだけというポジションです（改善が模索されているようですので、今後に期待ですが）。発注される仕事内容や報酬には規制がなく、受注者（クラウドワーカー）もスキルチェックなしで登録できる方式がほとんどです。

クラウドソーシングの問題点
・受注する立場で見ると→**報酬が安過ぎる仕事が多い**
・発注する立場で見ると→**ワーカーのスキルにばらつきが大きい**

　おかげで、笑える話（というより笑えない話）はいろいろ耳にします。私の体験ではなく伝聞ですので真偽のほどは保証できませんが、その一つをご紹介しましょう。

　文字起こしの会社Aが、会社Bから文字起こしの依頼を受けた。しかし、B社があまりにも値切ってくる。憤慨したA社の担当者が「クラウドソーシングなら、安くやってくれる人がいるらしいですよ」と言うと、B社の担当者が答えた。

　「もう試しました。確かに安く済みましたが、使えるレベルの原稿ではありませんでした。あれでは困るので、御社の金額で結構ですからお願いします」

クラウドソーシングを利用しているワーカーにも優秀な人はいます。しかし、登録しているクラウドワーカーの数が多いので、発注者からすればなかなかめぐり合うことができません。ワーカー側からしても、自分の優秀さをアピールする方法がありません。また、文字起こしに不慣れなワーカーが実力を付ける方法も、なかなかありませんでした。

◆**『文字起こし技能テスト』のスコアなら実力を示せる**
　そんな現状を何とかしようと、2015年に文字起こしの会社や在宅ワーカー支援のNPOなど有志が集まって文字起こし活用推進協議会を設立し、『文字起こし技能テスト』をスタートさせました。私の勤務先も協議会のメンバーです。

文字起こし技能テスト
https://mojiokoshi.org/

　『文字起こし技能テスト』は、知識編500点+実技編500点、計1000点満点のスコア制のテストです。年2回開催され、**自宅で受験できます**。本書執筆時点での平均点は、知識編370点前後+実技編310点前後、合計点680点前後です。
　800点取得できれば、仕事を受注できるレベルです。850点取れる人は、かなり安定した高品質な文字起こし原稿を作成できると言えます。900点以上取れる人はエキスパートのレベルです。
　発注側が「850点以上取得者」などと示せば、先ほどの話に出てきた「使えるレベルの原稿が上がってこない」という事態は防げます。受注側も、「第○回テストで870点取得」というふうに示せば（必要なら成績証明書も見せれば）、自分のレベルを分かってもらうことができます。

◆**スカウトされて正社員に**
　文字起こしは個人事業者として仕事をすることが主流ですが、会社員になるという働き方もあります。在宅スタッフに仕事を出す会社側の仕事です。

文字起こしの会社は、社員の採用も実は苦労しています。会社の規模が一般に小さいので、知名度が低いのです。事務のアルバイトを募集して、その中で日本語のセンスがある人を社員として採用したりしています。
　在宅スタッフが登録先にスカウトされて、社員になる例もときどきあります。逆に、文字起こし会社の社員が育児・介護や家族の転勤などを契機に退職して、その会社の在宅スタッフになる例もあります。

◆派遣という形態も成長中
　文字起こしの派遣という働き方もあります。仕事の発生元へ直接出向いて、そこで文字起こしの作業をする方法です。
　先に記載した通り、音源の受け渡しは通常、インターネット上で行われます。文字起こしの会社は、求められれば顧客との間に守秘義務についての契約書を締結しますし、そんな書類がなくても守秘義務は当然のこととして守ります。また、在宅スタッフ一人ひとりとも同様の契約書を交わしています。
　それでも音源を外部に出すのが心配な会社や組織はあって、こちらへ来て起こしてくれないかというオファーを出すわけです。労働者派遣の事業許可を取るのはなかなか大変な手続きが必要だそうですが、お客さまのためならと事業許可を取り、派遣事業を行っている文字起こしの会社もあります。

◆極秘の音声を内部で起こす
　派遣でも困るという音声は、内部の人が文字起こしを担当しています。私が耳にしたことがあるのは、どこかの都道府県の警察本部だったか自衛隊基地だったか……の人が、文字起こしを学ぶために私の以前の著書を購入されたというエピソードです。話の内容が極秘なのでしょうね。
　企業でも、上層部の会議は自社の社員にもまだ知られたくない内容を扱うので、列席した人のうち最も席次の低い人が文字起こしを担当しているというエピソードを聞いたことがあります。
　そういう警察官か自衛官か企業上層部の方、もちろん特殊な状況に限らず、現在の仕事に文字起こしが必要になったという多くの方々、ぜひ文字起こしを学んでください。

例えば、文字起こしに特化した音声再生ソフトを使えば、作業の効率はかなり良くなります。また、漢字の使い分けが分からないときに手っ取り早く参照できる本があります。ネット検索にもコツがあります。長時間パソコンに向かってタイピングするわけですから肩もこりますが、要領のいい入力方法も存在します。

◆地域活動でも YouTube でも活用できる

　職場だけではありません。PTAの役員やマンション管理組合の理事になると、総会の議事録を作成する必要があるかもしれません。外国語の練習に、音声を聞いてタイピングしている人もいるでしょう。YouTubeなどの動画に字幕を付けたい人もいるでしょう。

　ここまで、つい成り行きで「音声」と書いてしまいましたが、**動画ファイルを起こす仕事も近年は増えています**。動画起こしでも、動画内に録音された「言葉」を文字化するわけですから、仕事内容は音声ファイルを起こすのとほぼ同じです。テレビ番組や映画の字幕も、文字起こしによって作成されています。

OnePoint　生放送のトークに、リアルタイムに字幕が出てくることがあります。普通のキーボードではトークのスピードに追い付いて入力することは不可能なため、独特のキーボードが使われています。

◆音声認識が進歩したら

　「本当に仕事に結び付けられるのか」以外にも、多くの方が心配されていることがあります。

**　　音声認識の技術が進歩したら、文字起こしの仕事は消滅してしまうのでは？**

　この問題について、音声認識技術の現状や私の考えをご説明します。

　録音された音声ファイルを音声認識ソフトで認識させる。しばらく待つと、音声の内容が全て文字となってソフトウエア上に表示される。こういう状態を「音声の自動認識」といいます。

◆音声認識を試してみよう

　まず、ナマの声の音声認識を試してみましょう。

　スマホをお持ちの方は、メール作成画面などを開いて、文字を入力できる状態にしてください。その画面にマイクの絵が小さく表示されていたら、そこをタップしてから、スマホに向かって次のように言ってみてください。
（マイクの絵が表示されない、音声入力に対応していない文字入力アプリもあります）

スマホに口を近づけて、丁寧な発音で

本日は大変良いお天気です。

　この程度なら認識されるはずです。うまく認識されない場合は、自分が不慣れなのかもしれません。過度に緊張したとか、口ごもったとか。何度かやってみてください。

　次です。

スマホに口を近づけて、自信なさそうに小さな声で、しかも結構な早口で

必ずしもそうとは言い切れない部分が、まあ、もしかしたらのことではありますけれども、あるかもしれないなあと、ちょっと思ったりするわけでありまして……。

　右は、私がスマホに向かって言ってみた認識結果です。素晴らしい認識能力ですね（Google音声入力を使用）。しかし、今後変わるかもしれませんが、本書執筆時点ではGoogle音声入力に自動の句読点挿入機能がないので、「、。」は自分で入力する必要があります。

　今度は、スマホを自分の席から**2メートル離れた位置**に置いて、もう一度、小さな声でぼそぼそと言ってみてください。ほぼ認識されないはずです。スマホの内蔵マイクに近い位置からの声でないと、認識されないのです。

◆録音の仕方が悪いから認識されない

　認識率アップのためには「近い位置の声」が絶対条件ですが、録音された音声のほとんどは、この条件が満たされていません。

　10人以上も出席する会議なのにマイクをセッティングせず、たった1台のレコーダーで録音している……といった状況はよくあります。レコーダーから遠い席は何メートルも距離があります。そういう録音音声を認識ソフトにかけても、自動認識はされないのです。

◆ミシン（に相当する技術）を待望！

　私は、音声認識を警戒するどころか、むしろその技術に期待しています。

　今の文字起こしを衣服の縫製に例えれば、「手縫い」です。1字ずつ手で入力している状態です。手縫いは、プロが縫えばミシン縫いより布にかかる負担が少なく、見た目も美しいと言われています。でも、ミシンの登場によって、縫製はスピーディーに、低コストになりました。

　自動音声認識の技術で元の発言が正しく文字化されれば、文字起こしをする人は**起こしから作業をスタートするのではなく、校正からスタートする**ことができます。つまり、言い間違いや同音異義語を直したり、婉曲過ぎる発言を直す判断が、仕事の中心になるはずです。現在は「入力」に時間がかかるのですが、本来はこのような「判断」が文字起こしのポイントです。

◆音声入力が文字起こし案件を増やす

　また、音声認識でコストが下がれば、文字起こしの仕事は増えることが期待されます。せっかく録音したのにそのまま放置されている音声や、録音自体がなされていない重要な会議や研修、講演もたくさんあるからです。音声認識のせいで文字起こしの仕事がなくなるという心配はないと思います。

　私は現在も、音声認識を仕事に活用しています。**録音された音声の自動認識は現状では難しいので、リスピーク（復唱）という方法で音声入力**しています。録音された音声を聞きながら、その内容をヘッドセットマイクに向かって声に出して復唱し、それを音声認識させる方法です。リスピークによる音声入力については、91ページで取り上げます。

◆職場でもっと文字起こしを！

　文字起こしの発注量が増えれば、もちろん文字起こしの会社は喜ぶでしょう。しかし、起こせる人が一般の職場に増えることも大切だと思います。

　私が文字起こしを仕事にしていることを知ると、こんな話を聞かせてくれる人がよくいます。

> 職場で、会議の音声を起こしたことがあります！　仕事時間には到底終わらないので、こっそり自宅に持ち帰って、何日も徹夜して起こしました。

　状況を聞いてみると、文字起こしに便利な音声再生ソフトの存在を知らなかったりして、気の毒になります。きっと職場の誰も、文字起こしに関する知識がなかったのでしょう。

　私は過去に厚生労働省や都道府県の事業で、文字起こしを教えたり、文字起こし教材を提供したりしてきました。でも、いずれも在宅ワーカーになりたい人向けでした。**「職場で使うための録音方法や文字起こし」**という研修も、どこかの企業や組織から声を掛けてもらえるなら、やってみたいです。

　口述を起こす仕事をしていたという人もいます。医師、弁護士、弁理士などが、書類に記載すべき内容を自分で録音しながら口述→アシスタントがその録音音声を受け取り、文字起こしをして書類に入力するという作業です。

> ずいぶん昔で、まだカセットテープの時代でしたけど、そのオフィスではちゃんとフットスイッチを渡されて、足で音声の再生・停止をしていましたよ。ですから、その業界の専門用語さえ覚えてしまえば結構はかどりました。

　このように、能率良くやっていたという経験談も耳にします。フットスイッチとは、足でスイッチを踏んで音声の再生・停止を行うための機材です。使っているところは昔から使っているわけです。

　こういうノウハウが広まることを期待します。

●●● コーヒーブレーク ●●●

　税理士さんから、「副業に文字起こしをしたい」と相談を受けたことがあります。

　税理士の仕事は、冬から3月までが繁忙期のようです。3月決算の会社が多いからです。自営業の確定申告期間は2月16日から3月15日までですから、その手伝いがメインの場合も、同じく冬から3月ということになります。

　運悪く、文字起こしの繁忙期も全く同じ季節です。

　役所は4月が年度スタートです。ですから例えば役所が市民向け講演会を行う場合、会場を決め、講師を決め、打ち合わせをして、宣伝・告知をスタート……と進行していくと、講演会の開催はたいてい秋か冬になります。年度内に予算を使い切り、報告書をまとめる必要があるわけですから、その講演会の文字起こし記録は遅くとも3月20日ぐらいまでには納品してほしいという依頼になります。

　このように「全ての役所+企業の多く」が3月決算ですから、文字起こしも冬から3月が繁忙期です。4月〜5月は文字起こし案件が少なく、いわゆる閑散期です。

文字起こしの基礎知識

- ■第2章　文字起こしの準備
- ■第3章　仕様ドリル
- ■第4章　表記ドリル
- ■第5章　入力ドリル
- ■第6章　仕事の流れと
  　　　　ネット検索ドリル

第2章
文字起こしの準備

新聞表記と速記表記のテキスト／必要なもの／文字起こし用の音声再生ソフト
Express Scribe／フットスイッチ／文字起こしの基本的な作業方法／聞き打ち
キーボード、ヘッドホン、スピーカー、音声編集ソフト

さっそく文字起こしを体験してみましょう。

私がよくセミナーで使う例題です。ダウンロード教材2-1の音声ファイルを再生して聞き、聞こえた通りにパソコンで入力してみてください。

音声〈ダウンロード教材〉**2-1.mp3**　0分6秒

音声はこんなふうに聞こえます。

> こんにちわよろしくおねがいいたしますなかむらにかわってごせつめいします

「え、おねがいいたしますって言ってた？」

言っていますよ。「おねがいします」と聞こえた人は、もう一度音声を聞いてください。ほとんどの仕事では発言に忠実に文字化します。「いたします」を早のみ込みで「します」と入力してはいけません。

セミナー会場で取り組んでもらうと、よくあるのはこんな原稿です。

> こんにちわ。宜しくお願い致します。中村に変わってご説明します。

しかしこの原稿は、**文字起こしの原稿としては書き方の悪いところが5カ所**あります。

これは例題ですから、すぐ解答をお示ししますね。この章の最後で、問題に取り組んでいただけます。

┌─────┐
│ 解 答 │
└─────┘

① ✗ こんにちわ　　○ こんにちは
　現代仮名遣いでは「は」となります。

② ✗ 宜しく　　　　○ よろしく
　常用漢字表には「宜」に「よろ（しい）」という読みはありません。平仮名で書きます。

③ ✗ 致します　　　○ いたします
　補助用言は平仮名で書きます。「いたす」は「お願いする」の後ろについて意味を補助する役割、すなわち補助用言ですから、平仮名です。

④ ✗ 中村　　　　　○ ナカムラ　など
　思い込みで漢字を当てはめてはいけません。この人物は「仲村」さんや「中邑」さんかもしれないからです。漢字を特定できない場合の書き方はいくつかありますが、指定がない場合は片仮名にするのが無難です。

⑤ ✗ 変わって　　　○ 代わって
　同音異義語の間違いです。「変わって」ではナカムラさんに変身してという意味になってしまいます。代理という意味では「代わって」を使います。

正しい文字化例

> こんにちは。よろしくお願いいたします。ナカムラに代わってご説明します。

　※「こんにちは、」と読点を入れてもOK。

◆新聞表記と速記表記、どちらかのテキストを購入しよう

　ある言葉を平仮名で書くか片仮名で書くか、漢字で書くならどんな送り仮名を付けるか。そういう書き表し方のことを**表記**といいます。録音された音声は単なる音ですから、どんな字遣いで書くかは起こす人が判断する必要があります。

　判断の根拠になるのは、「**常用漢字表**」「**送り仮名の付け方**」「**現代仮名遣い**」「**外来語の表記**」という、国から示された指針です。これらは文化庁のウェブサイトに掲載されています。しかし、書かれている決まりに目を通して

も、ある特定の言葉をどんな字遣いで書けばいいのかはなかなか判断できません。

　これらの指針に沿って、一つひとつの語の表記が記載されている書籍が販売されています。その書籍を本書では「**表記のテキスト**」と呼びます。「表記のテキスト」は文字起こしの仕事には欠かせませんから、必ず購入しましょう。

　表記のテキストには、大きく分けて2種類があります。文字起こしの業界では、**新聞表記と速記表記**という区別があるのです。それぞれの表記の基準となるテキストは次のものです。

新聞表記：共同通信社『記者ハンドブック』など
速記表記：日本速記協会『新版 標準用字用例辞典』

　新聞表記の方に「など」と付いている理由は、上記の『記者ハンドブック』以外にも新聞表記を解説するテキストは市販されているからです。しかし、新聞表記の中では『記者ハンドブック』が最もよく使われていますから、これがおすすめです。速記表記のテキストは上記の1冊のみです。

　『記者ハンドブック』は、マスコミ系の文字起こしでよく使われます。速記表記の『新版 標準用字用例辞典』は、議会の会議録や官公庁の会議などの文字起こしでよく使われます。

　先ほどの正解は新聞表記、具体的には共同通信社『記者ハンドブック』に沿った表記です。速記表記である『新版 標準用字用例辞典』による正解は次のようになります。

> こんにちは。よろしくお願いいたします。ナカムラに代わって御説明します。

　「ご説明」が「御説明」になっただけですね。どちらの表記も「常用漢字表」などをベースにしていますから、大きく異なるわけではありません。

　「今日は」という表記は正しくありません。新聞表記でも速記表記でも、あいさつの場合は「こんにちは」という表記が指示されています。

◆どちらを選んで勉強すればいいのか？

新聞表記の特徴
　普段私たちが目にする新聞や雑誌の記事で使われているわけですから、なじみやすい表記です。『記者ハンドブック』は一般の書店やネット書店で販売されており、入手しやすいことも長所です。ただ、新聞表記は、文字通り新聞などの記事を執筆する用途のために作成されています。つまり、**書き言葉（文章語）用**であり、話し言葉の表記に合わない面もあります。

速記表記の特徴
　議会などで使われてきた経緯から、役所で使われる「公用文表記」という表記方法も一部取り入れられています。本書執筆時点では書店で購入できず、日本速記協会から取り寄せとなります。**話し言葉の表記に特化した内容であることと、掲載されている語が多い**ため、文字起こしの仕事においては迷わず表記することができて便利です。

　自分がスタッフ登録したい特定の会社があるなら、その会社が採用している表記で練習するのがおすすめです。新聞表記と速記表記の両方を勉強するのもいいと思います。**どちらにするか決めかねる場合は、一般の書店で購入できるという点で、共同通信社『記者ハンドブック』を選びましょう。**

本書は、新聞表記で起こし例を作成しています。

◆仕事の場面以外なら表記は自由
　本書では表記についてしつこく書きますが、それはあくまでも「**文字起こしをする際**」**の表記の決まり**です。それ以外で個人がどんな表記を使うのも、その人の自由です。
本書の本文部分では、新聞表記から外れた表記も使っています。そもそも新聞表記では「生かす」ですが、本書のタイトルは『国語好きを活かして～』でしし。
　また、実際の文字起こしでは音声の内容や原稿の使われ方に合わせて、標準的でない表記が使われることもあります。例えば医療関係者向けの内容では、「がん」ではなく「癌」、「タンパク質」ではなく「蛋白質」と表記されることがあります。

◆**文字起こしの仕事に必要なものをチェックしよう**

　表記のテキスト以外に必要なものを記載します。

〈パソコン・インターネット〉

- ☐ **パソコン**　WindowsでもMacでも可。業界ではWindowsが多数派です。
- ☐ **インターネット回線**　光ファイバー、CATVなどのブロードバンド回線が適しています。音声や動画などサイズの大きいファイルをダウンロードして使うため、ダイヤルアップ接続の低速回線では困難です。

〈アプリケーションソフトウエア〉

- ☐ **文字起こし用の音声再生ソフト**　（次ページで解説）
- ☐ **文書作成ソフト**　Microsoft Office Word（以下、Word）など。
- ☐ **ウェブブラウザーソフト**　インターネットのウェブサイト（ホームページ）を閲覧するためのソフト。
- ☐ **メールソフト**　（ウェブメールでも可）
- ☐ **ウイルス対策ソフト**　ファイルの送受信やインターネット検索を安全に行うため、ウイルス対策ソフト（セキュリティーソフト）のインストールは必須です。パソコンを買ったときに付いてきた試用版のウイルス対策ソフトは、数カ月で更新されなくなることがあります。購入して、いつも最新版に更新されるように設定しておきます。
- ☐ **PDFファイルを閲覧できるソフト**　本書ダウンロード教材のうち、ファイル名に「shiyo」と付くファイルを開くことができれば、既にインストールされています。開けなければ、Adobe社のウェブサイトからAcrobat Readerというソフトをインストールしてください。
- ☐ **表計算ソフト**　Microsoft Office Excel（以下、Excel）など。実務に就いたら、請求書の作成や、自分の収支を記帳することに使います。

〈ハードウエア〉

- ☐ **ヘッドホンまたはイヤホン**　パソコンに挿して音が出ることを確認します。機種によって聞こえ方が違いますので、2、3種類聞き比べてみるとよいでしょう。
- ☐ **フットスイッチ**　音声再生ソフトの再生・停止を足で行うためのスイッチです（37ページで解説）。パソコンにつなげて使いますのでUSB接続のタイプが便利です。必須ではありませんが、使えば効率アップに役立ちます。

◆文字起こし用の音声再生ソフトの条件

　Windows Media Player（メディアプレーヤー）などのマルチメディア再生ソフトでも、音声ファイルは再生できます。しかし、文字起こしの実務では、文字起こしに特化した音声再生ソフトを使う方が効率的です。

　文字起こし用の音声再生ソフトには、次のような特徴があります。

①Wordなどを入力できる状態にしたまま、音声の再生や停止が行える
　　　　　（アクティブなソフトをいちいち切り替える必要がない）
②再生、停止、早送りなどの操作をキーボードで行える
　　　　　（マウスに持ち替える必要がない）
③音声を停止させる際に自動で数秒戻して止まる設定ができる
　　　　　（直前の音声をもう一度聞いて確認するときに便利）
④音声のタイムをコピーできる
　　　　　（聞き取れない箇所にタイムを付記するのに便利）

③の機能は、再生ソフトによって「オートバックスペース」「自動巻き戻し」などさまざまな名称で呼ばれています。私は「ちょっと戻り」と呼んでいます。
ある会社が文字起こし用の再生ソフトを開発して、文字起こしをしている人たちの交流会でお披露目したことがあります。ところが出席者は、「でも、ちょっと戻りがないんでしょう？」と、興味を示しませんでした。それぐらい、ちょっと戻りはこの仕事には欠かせない機能です。

　このような条件を満たす音声再生ソフトはいくつかあります。ただ、昨今では新しい条件も必要になってきました。

⑤幅広い音声ファイル形式や動画ファイル形式に対応している

　従来の文字起こし用再生ソフトは、主にMP3という音声ファイル形式に対応していればOKとされていました。ボイスレコーダー（ICレコーダー）のほとんどはMP3で録音できるからです。

　ところが、昨今は「スマホで録音した音声ファイルを起こしてほしい」「撮った動画を起こしてほしい」といった需要も増えています。これらを再生できるソフトの方が便利です。

　①～⑤を満たす再生ソフトとしておすすめなのが、**Express Scribe（エクスプレス・スクライブ）のプロ版（有料版）**です。このソフトの使い方をご紹介します。

Express Scribe（NCH Software）

製品ウェブページ http://www.nch.com.au/scribe/jp/index.html

文字起こしに特化した再生ソフトで、Windows、Macいずれにも対応しています。上記のウェブサイトからダウンロードできます。

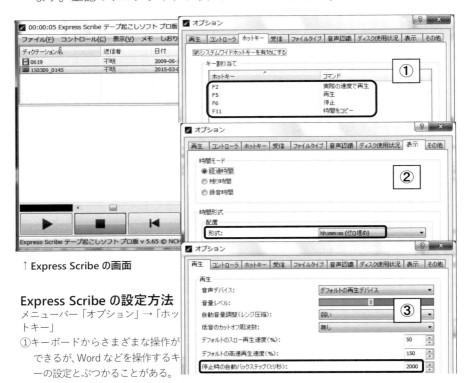

↑ Express Scribe の画面

Express Scribe の設定方法

メニューバー「オプション」→「ホットキー」
① キーボードからさまざまな操作ができるが、Wordなどを操作するキーの設定とぶつかることがある。

　あまり使わない機能は削除して、必要な操作だけ**ホットキー**に割り当てるとよい。図は、再生・停止関係と「時間をコピー」だけを設定した状態。

　再生と停止には、別々のキーを割り当てる必要がある。

メニューバー「オプション」→「表示」
②「**時間をコピー**」して貼り付ける際の表示形式を選ぶ。
　「hh:mm:ss(ゼロ埋め)」という設定が使いやすい。

メニューバー「オプション」
→「再生」
③「**停止時の自動バックステップ**」を設定。2秒戻る設定なら「2000」を入力（1秒＝1000ミリ秒）。

他によく使われている文字起こし用の再生ソフトとしてOkoshiyasu2（作者 Mojo氏）があります。正式にはWindows XPまでにしか対応していませんが、Windowsのそれ以降のバージョンでも動作することがあります。Macには非対応です。Okoshiyasu2で再生できるファイル形式はMP3、WMA、WAVのみです。「文字起こし　ソフト」とネット検索すると、文字起こしに特化した再生ソフトが他にも見つかります。

◆フットスイッチで効率的に

　いずれの再生ソフトも、フットスイッチを接続するとさらに効率的に使うことができます。再生・停止、早戻し（巻き戻し）、早送りを足で行う機材です。フットスイッチは、パソコンにUSB接続できるタイプを選びます。

　私はオリンパスのRS27Hというフットスイッチを使っています。「フットスイッチUSB」でネット検索してみると、これ以外にもいろいろなフットスイッチを見つけることができます。

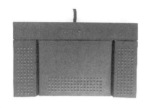

オリンパス RS27H
真ん中の広い面→踏んでいる間は
再生、離すと停止
左右の細い面→それぞれ早戻しと早送り

◆文字起こしの基本的な作業方法

　音声再生ソフトとヘッドホン（またはイヤホン）がそろったら、30ページで使った音声「2-1.mp3」をもう一度起こしてみましょう。文字起こし用の再生ソフトで音声を再生し、Wordに入力します。

　34ページには文書作成ソフトとしてWord「など」と記載しましたが、事実上、Wordを持っていることは必須です。一般にはWordファイルで納品する仕事が多いからです。

　文字起こしの基本的な作業の流れについて、音声ファイル「2-1.mp3」をExpress Scribeで再生しながらWordで起こす手順に沿って説明します。

　3ページの案内に従って、教材ファイルをダウンロードしておきます。

①**文書作成ソフト（Word）を起動**し、［ファイル］→［名前を付けて保存］でWordファイルを保存します（「ファイル形式」は「Word文書(*.docx)」を選択）。Wordファイルも音声ファイルと同じ名前「2-1」にすると便利です。ファイル名にはかぎかっこを付けず、2-1とします。

②ダウンロードした教材ファイルの中から、**「2-1.mp3」をExpress Scribeにマウスでドラッグ**、またはExpress Scribeのメニュー「ファイル」→「ファイルを読み込む」で音声ファイルを選択します。

音声ファイル「2-1.mp3」を
Express Scribeの画面に
マウスでドラッグすると、
Express Scribeに「2-1」と
表示される

③ヘッドホンやイヤホンを付けて、Express Scribeで**音声を再生**します。

④Wordファイルに、聞こえた言葉通りに**文字を入力**します。

⑤入力が追い付かなくなったら、Express Scribeで**音声を停止**します。

⑥聞こえたところまで入力したら、また音声を再生し、文字を入力します。以下、これを繰り返します。**途中で何度か文書を上書き保存**し、最後にも上書き保存します。

⑦**最後まで入力したら、音声の最初に戻って聞き直し、校正します。**
　入力した文字に誤字などを見つけたら直します。

音声ファイルをExpress Scribeに読み込めない場合：
ダウンロードした圧縮ファイルが正しい手順で展開されていないためかもしれません。3ページの手順をもう一度確認し、右クリックして「すべて展開」を選択してください。ファイル名の上で「ダブルクリック」するのは、圧縮ファイルの正式な展開方法ではありません。

上記の画像では、ファイル名は「2-1.mp3」と表示されています。お使いのパソコンで「.mp3」の部分（**拡張子**といいます）が表示されない場合は、次の手順を行うと表示する設定にできます。
拡張子を表示させる設定：フォルダの上部「表示」タブをクリックし、「ファイル名拡張子」にチェックを入れる
※「ファイル名拡張子」という項目が見つからない場合、フォルダの幅を広くすると見つかることがあります。または「オプション」→「表示」→「登録されている拡張子は表示しない」のチェックを外すという方法でも可能です。

◆**再生・停止は必ずホットキーを使う**
　話しているのと同じスピードで文字入力することは無理ですから、こまめに音声の再生・停止を繰り返します。音声の再生・停止は、できるだけExpress

Scribeに設定したホットキーの操作（使っていればフットスイッチ）で行います。いちいちマウスで再生・停止を行っていると能率が上がりません。

　Express Scribeは、複数のファイルを読み込んで置いておくことができます。音声ファイルの点数が多い場合に便利な機能です。本書の音声も全部読み込ませておくと、次々に取り組むことができます。

　Express Scribeを停止して、また再生するとき、自分が設定した秒数（36ページの例では2秒）戻った位置から再生されていますか。Express Scribeでいう「停止時の自動バックステップ」という機能です。

◆聞き打ちにチャレンジ

　最初は音声を聞く→音声を止める→記憶できたところまで入力する——という順番になりがちですが、作業に慣れたら「聞き打ち」にチャレンジしましょう。**音声を聞きながら、その1、2秒後ろをタイピングしてついていく**のです。

　タイピングが間に合わなくなったら音声をフットスイッチで、つまり足で止めて、直ちに再度フットスイッチを踏みます。その間も手は休まずタイピングを続けます。音声は数秒戻った位置から再生されますから、休まずタイピングしている間にちょうど続きの箇所に来ます。そこからまた入力します。

　文章で書いてみるとややこしい上に、意味が分かりにくいかもしれません。聞いているところと入力しているところが、常に微妙に異なるわけです。耳と目、足と手の連携です。スピードに乗ってうまく聞き打ちができるようになると、文字起こしはがぜん楽しくなります。

　音声の再生をホットキーで操作しても、聞き打ちはある程度できます。しかし、再生・停止のためにはいったん文字入力をやめなければならないので、操作が複雑です。やはりフットスイッチの使用がおすすめです。

◆**キーボードは性能の良いものを**

　仕事をスタートしたらキーボードの良し悪しも効率を左右します。タイピングを長時間行うと、腕や肩に疲労がたまるからです。性能の良いキーボードとは、①タッチが柔らかくて指や腕に負担がかかりにくい、②耐久性がある、③机の上で不安定にがたがた動かない——という条件を満たすものです。

長時間タイピングする人によく使われているキーボードの例として、東プレのREALFORCE（リアルフォース）があります。テンキーの有無やキーの重さによって、いくつかの型番があります。私の機種は2万円近くしましたが、連日使っても不調なキーが出ないことには感心させられます。高速でタイピングするわけですから、1つでも反応の悪いキーがあると入力のリズムが崩れて、疲労につながります。タッチの良さと耐久性は非常に大切です。

◆ヘッドホン（イヤホン）は軽量なものをメインに

　文字起こしに使うヘッドホンは、「重低音が響く！」などと宣伝されているものは避けた方が無難です。特定の音域を強調するタイプは、話し声の聞き取りには不向きなのです。スタジオヘッドホン（モニターヘッドホン）と呼ばれるタイプは全音域を平均して聞けるように調整されていますから、文字起こしに適しています。

　ただ、スタジオヘッドホンは一般に大きくて重く、肩こりを引き起こすこともあります。軽いヘッドホンで文字起こしをして、聞き直し校正のときにスタジオヘッドホンを使うという方法もあります。

◆外付けスピーカーと音声編集ソフト

　4ページで説明したように、音量は、パソコンのボリュームコントロールと再生ソフトの両方で調整できます。実務では、その両方を最大にしても聞き取れないような小さい音の音声がごくまれにあります。小さい音を聞くには、**アンプ内蔵スピーカー（アクティブスピーカー、パワードスピーカーともいう）**をパソコンに外付けするという方法がおすすめです。アンプとは増幅器という意味ですから、元の音量よりも大きくすることができます。

　音声編集（サウンド編集）ソフトを使って、**音量を増幅加工**して音声ファイルを保存し直すという方法もあります。音声編集ソフトで音の波形を見ると、左図は波がほとんど振れていません。右図の波形程度に増幅すると、はっきり聞こえるようになります。

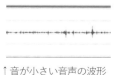

↑音が小さい音声の波形　　↑聞き取りやすい音声の波形

◆いよいよ文字起こしをスタート！

　ここまで学習したら、次の音声を起こしてみましょう。

))) 音声 〈ダウンロード教材〉**2-2.mp3**　1分10秒

起こし方　多少不自然な言い回しがあっても、全て言葉通りに起こす。漢字の分からない人名は片仮名で入力する。

気を付けること
①音声を聞きながらタイピングする**動作を体に覚えさせる。**
　（音声の再生・停止や早戻しは、マウスに持ち替えず、キーボードのホットキーで行う。フットスイッチがあればフットスイッチを使う。できれば聞き打ちに挑戦！）

②言葉の表記は**表記のテキストで調べる**（まだ手元にない場合は、まず一度答え合わせをして解答を覚え、2回目からは解答に沿った表記で起こす）。

③できるだけ読みやすい句読点の付け方や段落替えを工夫する。

④全体を起こしたら最初からもう一度、**音声を聞きながら校正**する（一次校正、聞き直し校正）。次に、音声は聞かずに**文字だけを読んで校正**する（二次校正、読み直し校正）。

　特に①と②がここでは重要です。同じ音声を繰り返し起こして、動作に慣れてください。また、出てきた表記はその都度覚えましょう。

　　　　　　　　　　起こし例は次ページ

音声編集（サウンド編集）ソフトは種類が多く、特定のおすすめソフトはありません。MP3形式などの音声を一度WAVE（WAV）という形式に変換しないと編集できないソフトもありますが、変換なしでそのまま編集できるソフトが便利です。

2-2 の起こし例

　非常に①実のある、大変有意義な②お話を③頂くことができました。④ワタナベ理事長、⑤パネリストの皆さま、誠にありがとうございました。

　それでは、以上で本日のプログラムは⑥全て終了となりました。⑦シンポジウムを閉会させていただきたいと思います。⑧ご登壇いただきました皆さまに、いま一度⑨大きな、盛大な拍手をお願いいたします。ありがとうございました。

　ここで、ご来場くださいました皆さまに⑩ご案内をさせていただきます。お帰りの際には、同封いたしておりましたアンケート用紙に⑪ぜひご記入⑫いただきますよう、お願い⑬申し上げます。ご記入いただきましたアンケート用紙は、受付にございますボックスに⑭投函（とうかん）していただければと存じます。

　長時間に⑮わたり、誠にありがとうございました。どうぞお帰りの際にはお忘れ物などございませんよう、⑯もう一度⑰お席周りをお確かめくださいませ。携帯電話、また⑱小さな物、⑲身の回りの物を落とされていませんでしょうか。いま一度、お席をご確認いただきまして、⑳お進みくださいませ。

　句読点や段落替えの位置は多少異なってもよい
　①②や下線を入力する必要はない

2-2　チェックポイント　1つ5点、100点満点

①実のある		⑪ぜひ	
②お話を		⑫いただきますよう	
③頂くこと		⑬申し上げます	
④ワタナベ理事長		⑭投函（とうかん）	
⑤パネリストの皆さま		⑮わたり	
⑥全て		⑯もう一度	
⑦シンポジウム		⑰お席周り	
⑧ご登壇		⑱小さな物	
⑨大きな、盛大な拍手		⑲身の回り	
⑩ご案内をさせて		⑳お進みくださいませ	

　　　　　　　1回目　　　　　2回目　　　　　3回目
かかった時間　_____分　　_____分　　_____分

かかった時間とは、タイピングに要した時間のみではありません。
タイピングした時間＋表記を調べた時間＋校正した時間の全体です。

目標タイム：①～⑳の全問正解、それ以外にも誤字や聞き落としがない仕上がりを10分以内（音声長さの6倍）で！

音声長さの6倍は、すぐには実現できません。何度も繰り返して起こしましょう。また、先へ進んでからも、時々戻って起こしてみましょう。

解説

　共同通信社『記者ハンドブック』のどこを見れば書いてあったのかを中心に、解説します。なお、『記者ハンドブック』第13版の例です。さらに新しい版が出版されると、表記は変わることがあります。

① 「み」の項に「実のない」という例があるので、「身」でないことが判断できる。「あり・ある」の項に、「ある」と読む場合は平仮名書きを活用すると記載されているので「ある」は平仮名。

②「お話しを」×。「話」は、名詞として使う場合送り仮名を付けない。動詞の場合は送り仮名が必要。

③「もらう」場合は「頂く」を使う。「〜していただく」など補助用言（補助動詞）として使われる場合は平仮名なので区別しよう。「こと」は、ここでは形式名詞なので平仮名。補助用言と形式名詞については「用字について」の「平仮名使用」の欄を参照。

④本書41ページに「漢字の分からない人名は片仮名で入力する」と記載されているので、それに従う。

⑤パネリストは、パネルディスカッションで討論する人のこと。「皆さま」は「みな」「さま」どちらの項からも調べられる。

⑥「すべて、総て、凡て」×。

⑦「シンポジューム」×。「外来語・片仮名語用例集」の欄で確認できる。

⑧パネリストが壇上に上がることを登壇という（壇を降りる「降壇」も覚えておこう）。

⑨「大きな盛大な拍手」でもよい。「大きな」と「盛大な」は意味的に重複しているが、「意味的な重複を直す」という指示がない限りは両方とも起こす。イベントの司会では、同じような言葉を繰り返すことで場を盛り上げるというテクニックが使われるため、これは言い間違いではない。

⑩「ご案内させて」×。「を」を正確に聞き取る。

⑪「是非」×。副詞としては平仮名。

⑫「ご記入いただく」なので、いただくは補助用言であり、平仮名。「よう」はこの場合形式名詞なので平仮名。

⑬「申しあげます、申上げます」×。

⑭「凾」は常用漢字に入っていない。用字用語集のページではルビを付けるという指示だが、文字起こしにおいては普通はルビを使わず、後ろにかっこで読み仮名を添える。

⑮移動する意味だと「渡る」と表記するが、ある期間・範囲に及ぶ場合は平

仮名とされている。

⑯「もう1度」✗。「数字の書き方」の「数字の表記例」の欄に「もう一度〔再びの意〕」という例が記載されているので漢字。一方、「あと4度までは挑戦できます」など数えられる使い方では、アラビア数字を使う。

⑰「お席回り」✗。周辺という意味では「周り」を使う。

⑱「もの」は、物質・物体を指す場合は漢字「物」。形式名詞としての用法や抽象的な存在を指す場合は「もの」。もちろん「若い者を行かせます」など人を指す場合は「者」を使う。

⑲身の回り　⑰に照らせば「身の周り」としたくなるが、慣用的に「身の回り」を使うことになっている。

⑳「ください」は「進む」に付いて補助用言として使われているので平仮名。最後の「ませ」まで正確に聞き取る。

　2-2はわずか1分10秒の音声でしたが、気を付けること、覚えるべきことがたくさんありましたね。

　よく知っているつもりの言葉でも、一度は表記のテキストを確認してください。**表記**以外にも、**誤字脱字**をした、**知らない言葉**があった、**音声再生ソフトにまだ不慣れ**などさまざまな課題が見つかったと思います。繰り返し練習しましょう。

第3章
仕様ドリル

要約、逐語起こし、ケバ取り、整文／仕様とは／仕様書の読み解き方
ケバ取り・整語・整文の処理例／言葉の修正ドリル

2-2は原稿通りにナレーションしている司会者という設定でしたが、インタビューや座談会などは、原稿読み上げでないトークが展開されます。言い間違いや言いよどみなどが出てきたら、どう起こせばいいのでしょうか。

第3章ではさまざまな起こし方（仕様）について学習します。

◆「えっとあのーあの」という話し方

音声ファイル「3-1」を聞いてみてください。

🔊 音声〈ダウンロード教材〉3-1.mp3　0分8秒

「えっとあのーあのたぶんわたしあのぷらんはあのえーちょっとだめだったーあーいやそうともまああのーかぎらないですけど」

という感じに聞こえます。どう文字化するのが「正しい」のでしょうか。

Aさんの解釈→要するに、あのプランは駄目ということだ。

> あのプランは駄目です。

Bさんの解釈→とにかく言葉通りに起こすことが大切だ。

> えっと、あのー、あの、多分、私、あのプランは、あの、えー、ちょっと駄目だったー、あー、いや、そうとも、まあ、あのー、限らないですけど。

Cさんの解釈→「えっと」や伸ばしは要らないだろう。

> 多分、私、あのプランはちょっと駄目だった、いや、そうとも限らないですけど。

Bさんの起こし方　補足
「あのう」や「ああ」もOKです。また、伸ばし「ー」の有無は個人の解釈で異なってOKです。

Cさんの起こし方　補足
言葉を探しているとき半ば無意識に口から出る**間投詞**「あの」は削除されています。一方、「あのプラン」の「あの」は**指示代名詞**（これは英文法に出てくる言葉で、国文法において「あの」は連体詞に分類されますが、便宜的に使います）のため、削除せず残されています。音声を起こす際は、間投詞「あの」と指示代名詞「あの」の区別に注意が必要です。「その」なども同様です。

◆要約、逐語起こし、ケバ取り、整文

　正しいかどうかという観点では、Aさん、Bさん、Cさん、いずれも正しい起こし方です。起こし方が異なるだけです。

　Aさんの起こし方は**「要約」**と呼ばれます（要約は本書で実習はしませんが、第8章で解説します）。

　本書で主に説明するのは言葉通りに起こす方法です。

　Bさんの起こしはうっとうしく、読みにくいですね。しかし、このような起こし方もあります。言語学の研究用などです。「えっと」などまで全部再現する起こし方は**「逐語起こし」**と呼ばれます。

　Cさんの起こし方は、「えっと」や伸ばしなど「明らかにそれがなくても意味が通じる要素」を省略し、起こしていません。「明らかにそれがなくても意味が通じる要素」は「ケバ」と呼ばれます。それを省く起こし方は、文字起こしの業界では**「ケバ取り」**と呼ばれます。

　ケバ取りから、もう一歩踏み込んで整える起こし方もあります。**「整文」**と呼ばれます。

◆整文はしやすいものとしにくいものがある

　整文する際は、「私、」を「私は、」と助詞を補ったり、語順を変えたり（「多分」を移動）、語尾の表現を変えたりします（「だったと……。」）。「3-1」を例えば次のように**軽く整文**すると、読んだとき少し理解しやすくなります。

> 私は、多分あのプランはちょっと駄目だったと……。いや、そうとも限らないですけど。

さらに**強く整文**する場合は、「駄目だったと……」を「駄目だったと思います」などに変更します。

整文しにくい話し方もあります。

元の発言
> マジー？　ヤッバー。

✗ 整文し過ぎた例
真面目ですか。やばいです。

◯ ほどよい起こし方の例
まじ？　やばい。

　整文はどんな発言も「ですます調」に変更するようなイメージがありますが、相手の発言に対し「真面目ですか」などと普通は言いません。**不自然にならないよう**、ほどのよさを考えながら整えます。

OnePoint
> ケバ取りや整文の話題ですが、俗語の表記についてちょっとだけ書きます。「まじめ」の表記は漢字「真面目」ですが、「まじ」「やばい」は俗語ですから『記者ハンドブック』には書き方が載っていません。
> 『記者ハンドブック』には「用字について」の「片仮名使用」の欄に、「特別な意味やニュアンスを出す場合（中略）は片仮名を使ってもよい」とありますから、「マジ？　ヤバい」もOKです。ただし、ニュアンスのための片仮名表記は、使い過ぎると原稿があざとい感じになります。使用は必要最小限にしましょう。

◆仕様とは文字起こしの法律

　仕様という言葉を覚えてください。起こし方についての指示のことです。仕様が書かれている書類が**仕様書**です。

　仕様は法律と同じですから、従わなければいけません。しかし、法律が国ごとに異なるように、会社によって起こしの仕様は異なります。また、案件によっても異なる仕様が示されます。「今回はこういう仕様だから、こう処理しよう」と判断する理解力が求められます。

◆仕様書に記載される項目

　仕様書に記載される項目として、次のようなものがあります。

1. 音声の情報（話題や形式、話者などの情報）
2. 資料の情報
3. 話者名の立て方

4. 英字や数字の全角・半角
5. 不明箇所の処理方法
6. 起こし方（ケバ取りや整文の程度など）

狭義の仕様である3～6の正確な理解が、文字起こしには欠かせません。1と2は、厳密には仕様とはいえませんが、文字起こしをする上で重要な情報です。一つずつ簡単に解説します。

1.音声の情報（話題や形式、話者などの情報）

「野生生物保護についての会議」「就職が決まった人へのインタビュー」など、音声の情報は「話題」と「形式（会議、講演、インタビューなど）」の両面から記載されることが普通です。

話者とは「音声の中で話している人」のことです。**発言者**ともいいます。20名出席している会議でも、発言した人が8名であれば、その音声の話者数は8名ということになります。

2. 資料の情報

音声に付属して資料が渡される場合があります。会議や講演に際して参加者に配布された資料です。専門用語などを探すときに役立ちます。1の話者情報、またはこの資料に漢字が出てこない人名などは、ネット検索などで確認できない限り、勝手に漢字を当てはめてはいけません。

OnePoint
> 資料はWord、Excelの他、PDFやPowerPointのファイルで渡されることもよくあります。本書のダウンロード教材は、仕様書をPDFファイルで収録し、10-3shiryo.pptxというPowerPointファイルも収録しています。
> **使っているパソコンにPowerPointがインストールされていない場合**：
> Microsoft社のウェブサイトから**PowerPoint Viewer**というソフトをダウンロードしましょう。ファイルの内容を表示できる（編集はできない）ソフトウエアで、無料です。

3. 話者名の立て方

話者名と発言内容の区切り方が指定されます。さまざまなパターンがあります。また、講演など最初から最後まで1名の発言という音声では「話者

名は立てなくてよい」という仕様もあります。

話者名の立て方のさまざまな例

山田　おはようございます。　（話者名と発言の間に全角スペース1個）
山田：おはようございます。　（話者名と発言の間に全角コロン1個）
○山田　おはようございます。（話者名の前に記号を入力、太字にする）
おはようございます。　　　　　（話者名を立てない仕様）

4. 英字や数字の全角・半角

　英字やアラビア数字（算用数字、洋数字ともいう）は、まとめて「英数字」とも呼ばれます。英数字の入力方法は、「全て全角」「全て半角」「1桁は全角、2桁以上は半角」などの仕様があります。

5. 不明箇所の処理方法

　音声を文字化するときに確定できない箇所は、不明箇所と呼ばれます。不明箇所の内容とそれぞれによく指定される仕様の例は次の通りです。

1) 音声が聞き取れない箇所（聴取不能箇所）…音の数にかかわらず●1個を入力、音の数だけ●を入力など

2) 文字の表記を確定できない箇所…明らかに「わたなべさん」と言っているが、話者情報や資料に出てこない名前であり、特に有名人ではないのでネット検索等でも見つからず、「渡部、渡辺、渡邉……」などのいずれの漢字か確定できない。そのような場合は、片仮名にする（ワタナベさん）、片仮名にして〓ではさむ（〓ワタナベ〓さん）など

3) 聞き取りに確信が持てない箇所…「プレカット」と言っていると思うが録音状態が悪いなどで確信が持てない。〓ではさむ（〓プレカット〓）、文字色を赤字にするなど

OnePoint
記号の入力方法：
●の記号は、「まる」と入力して変換すると出すことができます。
〓は下駄記号と呼ばれます。「太字にしたイコール記号」ではありません。「げた」と入力して変換すると出すことができます。

また、不明箇所に音声のタイムを付記するという仕様があります。後工程の人がその部分の音声を聞いて確認する便宜のためです。

音声のタイムを付記する例

平野委員　●（01:54:16）の時代になったわけです。
平野委員　＝プレカット＝（01:54:16）の時代になったわけです。

データ全体に数分ごとにタイムを記載するという仕様もあります。
手でタイムの数字を入力すると手間がかかり、入力ミスも起こりがちです。Express Scribeなどの音声再生ソフトでは、タイムをコピーする機能があります。36ページの②を参照。36ページでは「時間をコピー」のホットキーをF11で設定しているので、F11を押してから「貼り付け」すると01:54:16というふうにタイムが自動で入力されます。かっこ記号は手で入力します。

6. 起こし方（ケバ取りや整文の程度など）

　起こし方は、用途によって異なります。

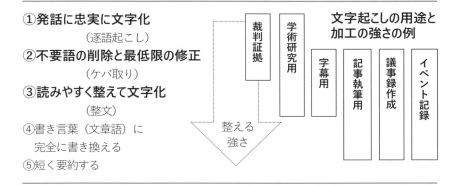

　本書では①〜③を扱います。①〜③も、**はっきり区別された3つの起こし方が存在するのではなく、中間的なさまざまな段階があります。**

　「逐語起こし」「ケバ取り」「整文」などは、文字起こし業界の中で使われる用語です。仕事の発注元である役所や一般企業に「起こし方は、ケバ取り程度でいいですか」などと質問しても、分かってもらえません。直請けする場合は「このお話の内容でしたら、こういう処理で起こすのがふさわしいと思いますが」と例を挙げて説明し、起こし方を確認します。

◆修正には3つの処理がある

「逐語起こし」を除けば、文字起こしにおいてはある程度発言を修正します。発言の修正処理は俗に「ケバ取り」「整文」と呼ばれますが、実際の修正作業には2つではなく3つの分類があります。

1) **不要語を削除する処理（ケバ取り）**
2) **変化した音を修正する処理（整語）**
3) **センテンスやフレーズなどを整える処理（整文）**

※「整語」は私の造語で、今のところ定着した表現ではありません。

何をどの程度修正するかによって、整文の仕様も「軽い整文」「強い整文」と呼ばれたりします。「ケバ取りで」という注文でも、発注者側は整語や多少の整文まで含むつもりでいることもあります。また「素起こし」という表現も存在し、「逐語起こし」「ケバ取り程度」どちらの意味でも使われます。

実務においては、新しい仕事先に対しては具体的に何をどこまで直すのか確認することが必要です。

◆記録型と雰囲気再現型では修正の程度が異なる

これらの修正は、「何から何まで起こしてから、削除したり直したりする」わけではありません。**最初に起こす段階からこまめに処理**していきます。

また、修正処理の程度は、文字起こしの方向性によって異なります。方向性は大きく分けて、次の2種類です。

（1）**記録型**：記録として内容が正確で読みやすいことを重視するもの
（2）**雰囲気再現型**：トークの雰囲気や口調の再現を重視するもの

記録型は、読んで理解しやすいことが大切で、会議の議事録や講演会の報告書などに使われます。雰囲気再現型は、タレント同士の対談（口調の面白さやその人らしさを生かす）や、聞き取り調査（どんなニュアンスで発言されたかを再現する）などに使われます。

ケバ取り、整語、整文の処理例をいくつか挙げます。

※次ページから58ページまで、『文字起こし技能テスト 公式テキスト』と共通の内容。本書には他にも共通する内容のページがあります。

◆不要語の処理例（ケバ取り）　【記】…記録型　【雰】…雰囲気再現型

間投詞　　あのー　えーと　うーん　など
　【記】【雰】削除。【記】の方が強めに削除。
　「まあ」は、気が進まないというニュアンスを表すのに必要な場合があるので、【雰】の場合は必要最低限残してもよい。

伸ばし　　このー、電話はー　→　この電話は
　【記】【雰】削除。
　【雰】は、他人の発言を再現するせりふ内などで多少使ってもよい。
　（例：そいつが「あれー、違いますー？」とかお気楽に言っちゃって）

独り言　　何て言ったっけ、そうだ、推進協議会が　→　推進協議会が
　【記】【雰】削除。ただし、その独り言が後の発言を引き出している場合は起こす。
　独り言が後の発言を引き出している例：
　「何て言ったっけ、そうだ、推進協議会が」「普通それをど忘れする？」

言いよどみ　　大学をそ……卒業するまで　→　大学を卒業するまで
　【記】【雰】削除。

言い間違い　　ゴウセンセンイ……合成繊維は　→　合成繊維は
　【記】【雰】削除し、言い直した方のみを生かす。
　「市民の安心……安全は」などは、安心を言い間違えて安全と言い直したとは限らない。「市民の安心、安全は」と両方生かすべきである場合が多い。言い間違いかどうかは慎重に見極め、迷ったら両方を生かす。

明らかな誤り　　感染のユウム　→　感染の有無
　【記】【雰】漢字の読み方の覚え違いや言い間違いなど、誤りであることが明らかな場合は、言い直されていなくても直す。
　誤りと確認ができない場合や、わざと使っている場合は直さない。

口癖　　もう本当にひどいともうそのとき思って
　　→　本当にひどいとそのとき思って　　　または
　　→　もう本当にひどいとそのとき思って
　「やっぱり」「逆に言えば」「要するに」「非常に」なども単なる口癖になることがある。
　【記】【雰】口癖の場合は4回に1回程度残すと、話のニュアンスを再現できる。
　口癖は、副詞的な言葉が使われることが多い。副詞としての実質的な意味を持っている場合は残す。
　　例：ないだろうなと思いながら行ったら、やっぱりなかったんです
　　→　予測を確認する意味がある「やっぱり」なので削除しない。
　単なる口癖か意味を持った副詞か迷ったら、残す。

接続詞的な口癖　で、無理って言われて　→　無理って言われて

　　【記】【雰】話し出しに繰り返し付く「で、」「だから、」「あと、」「っていうか、」などは口癖の一種とみなし、ある程度削除する。接続詞として実質的な意味を持つときは生かす。生かす場合「で、」は「それで、」と直す。

相づち　うんうん　はい　そうですね　なるほど　など

　　【記】【雰】多すぎてそのまま再現すると読みにくい場合は、多少間引いて起こす。返事としてイエス・ノーの実質的な意味を持っているものは削除しない。
　　「なるほど」も、軽い相づちでなく「確かに納得した」ことの表明である場合は削除しない。単なる相づちであっても、文字化が必要なところはあるので、文脈で判断する。特に削除するのは、非常に細かく相づちを打つ話し方で、相手の発言と声が重なる場合など。

　　鈴木：こんなことじゃ、
　　田中：ええ。
　　鈴木：どうしようと思って、
　　田中：はい、はい。
　　鈴木：本当に困ったんですよ。
　　田中：それは困りますよね。
　　↓
　　鈴木：こんなことじゃどうしようと思って、本当に困ったんですよ。
　　田中：それは困りますよね。

自己相づち　ということなんです、はい　→　ということなんです

　　【記】【雰】削除。

終助詞　違うわけですよ　→　違うわけです

　　　　　見てしまったんですよね　→　見てしまったんです

　　終助詞「よ」「ね」「よね」など
　　くだけた言い方では「な」(例：今度な。)「さ」(例：できるさ。)など
　　【記】不自然にならないところは削除。【雰】くどくならない範囲で残す。
　　※例の2つ目は質問や確認ではなく、本人が説明している状況。

終助詞的な助詞がセンテンスの途中に来る

　　実はな、今度な、これを　→　実は今度これを
　　実はですね、今度ですね、これを　→　実は今度これを
　　【記】【雰】不自然にならないところは削除。
　　「ですね、」は「ね」だけ省くと「実はです、今度です、これを」と意味をなさなくなる。その場合は「ですね、」を削除する。

◆変化した音を修正する例（整語）　【記】…記録型　【雰】…雰囲気再現型

ら抜き言葉・い抜き言葉・さ入れ言葉

　　見れない → 見られない　　持ってる → 持っている

　　やらさせていただく → やらせていただく

【記】【雰】修正する。【雰】の場合は修正しないこともある。

くだけた言い回し

　　しちゃって → してしまって　まずっ → まずい　っていう → という

【記】基本的に修正。【雰】残してもよい。

　　やっぱ　やっぱし → やっぱり

【記】「やっぱり」は「やはり」の音変化なので、硬い内容を硬いトーンで記録する用途では、「やっぱり」も「やはり」に直すことがある。

【雰】の場合は「やはり」は硬すぎて適さないことが多い。

　　すっごい台風 → すごい台風

　　すごい面白い → すごく面白い

【記】原則的に修正。【雰】残してもよい。

形容詞の前では「すごく」が正しいが、「すごい面白い」などの言い方も定着しているため、くだけた語り口の起こしなどでは直さないこともある。

　　カレーとか揚げ物とか → カレーや揚げ物など

　　合コンとかあって → 合コンがあって

【記】特に硬い起こし方では修正。【雰】残すのが基本。

【記】「とか」に例示、列挙、引用などの意味があれば、より硬い表現である「など」に置き換える。単なる曖昧表現の場合は、「が」などに置き換える。

言葉の重複（単純重複）　　どんどん、どんどん来た → どんどん来た

【記】【雰】原則として修正。

【雰】では強調する感じを出したいときは生かすが、「どんどん、どんどん、どんどん、どんどん」など過度の連続は「どんどん、どんどん」程度に間引く。

聞こえない箇所の補完

　　会議を始めたいと思いま……。 → 会議を始めたいと思います。

【記】【雰】原則として修正。

語尾で声が小さくなって聞き取れなくても、会議が始まっているなら、「思いません」でないことは確かなので、「す」を補う。

「思いますけど」や「思いますので」と言ったかもしれないが、語尾の「けど」や「ので」は重要ではないので、「思います」で問題ない。

確実な判断ができないところは、聴取不能として●などで処理する。

方言や方言的な言い方

大変やらこい地層でございまして → 大変軟らかい地層でございまして

こうなっちょるわけでございます → こうなっているわけでございます

【記】本人が標準語的に話していて、思わず方言的な言い回しが出た場合は、判断できる範囲で直す。できるだけ元の意味を確認してから直す。例えば「〜しておいでる」は敬語的なニュアンスなので「〜している」だと違う場合がある。

【雰】語り口調を生かしたい場合は残す。

直接話法(人のせりふ)部分では方言を生かし、それ以外では直すという方法もある。

「せからしかったい」て、そんとき初めて怒られたとです→「せからしかったい」と、そのとき初めて怒られたのです

(せからしい→ここでは「うるさい」の意味)

不適切な敬語

研究されておられます → 研究しておられます

お召し上がってください → 召し上がってください

【記】【雰】原則として修正。

助詞の修正

80歳に過ぎてなお健康 → 80歳を過ぎてなお健康

「80歳になっても」と言いかけて途中で「80歳を過ぎて」に気が変わった言い方。

【記】【雰】できるだけ直す。

助詞の補完

これ見たことあると思って → これは見たことがあると思って

【記】できるだけ直す。【雰】ある程度直す。

「すぐ行きます」は「すぐに行きます」に直さなくてよい。「すぐに」は副詞だが「すぐ」も副詞として成立しているため。助詞の補完は、主に名詞の後ろに行う。ただし、「賛成したい」は「賛成をしたい」に直さなくてよい。「賛成(する)」や「活動(する)」などはサ変名詞であり、「する」を付けた状態では動詞扱いとなるため。

◆発言を整える例（整文）　【記】…記録型　【雰】…雰囲気再現型

倒置を直す　違うんですよ、それは → それは違うんですよ
　　述語（動詞など）がセンテンスの最後に来ていないとき、述語を最後に移動させる。
　　【記】できるだけ直す。【雰】生かした方が雰囲気が出るところは残してもよい。

語順を入れ替える
　　買い物に私が、先日来たら閉まっていたんで、閉店かなと思ったんです
　　→ 私が先日買い物に来たら閉まっていたんで、閉店かなと思ったんです
　　【記】【雰】1～2行の近い範囲の言葉のみを入れ替えるのが無難。遠くの言葉を入れ替えても、複雑になるばかりでさほど分かりやすくならないことが多い。
　　話し言葉は文章語ほど整っていないので、最低限の入れ替えをしたら割り切り、深追いはしない。

意味的な重複　東京に帰京しました → 東京に帰りました
　　【記】原則として修正。【雰】残してもよい。
　　まず一番最初に→最初に　または　まず最初に
　　【記】【雰】「まず」「一番」「最初」いずれも「1つ目」を表すので、原則としてどれか1つ生かせばよい。しかし、「まず最初に」はある程度定着した言い回しなので、場合によってはこれを使ってもよい。
　　「歌を歌う」なども、ある程度定着しているのでそのまま残すことが多い。

曖昧な表現
　　～ではないかなというふうにも考えられるようなわけでございます
　　→ ～ではないかと考えられるわけでございます
　　判断して、みたいなこととか→判断して
　　【記】【雰】曖昧な表現があまりにくどい場合は修正する場合がある。ただし、全く曖昧表現がないとかえって不自然なので、修正は最低限にとどめる。

なんです・んです
　　これが答えなんです → これが答えなのです
　　できないんです→できないのです
　　【記】修正して不自然でないところは修正。【雰】残すのが基本。
　　※発注者によっては、一律に「なのです」「のです」に直すと指示する場合もある。
　　「なのです」「のです」に直す場合は、終助詞も削除するとバランスが良くなることが多い。例：「いや、違うんですよね」→「いや、違うのです」
　　記録型では「なの」や「の」を使わない形に置き換えることもできる。例：「これが答えなんです」→「これが答えです」、「できないんです」→「できません」

けど・けれど・けども　　けど　けれど　けども　→　けれども

【記】原則として修正。【雰】残してもよい。

整った記録が必要な場合は「けれども」に統一し、口調の再現が必要な起こしでは発語通りに「けど」「けれど」「けども」などを使う。記録型と雰囲気再現型の中間的なイメージに処理する場合は、「けれども」と「けど」の2種類にすることもある。「が」に直した方が読みやすくなる場合もある。

無理ということですけども　→　無理ということですが

不足語の補完　　14年です　→　平成14年です　　1614年です　　など

【記】話の前後やネット検索などで確認できれば補う。【雰】残してもよい。

不足語の補完は、年号を添えないと誤解が生じるなどの場合に限定的に行う。

略語や隠語は、それ自体として成立している言葉であり、一般には元の言葉に直す必要はない。「農協」「生食」「JK」などを「農業協同組合」「生理的食塩水」「女子高生」と変更する必要はない。

言い切らない語尾の補完

定期点検が大切と感じて。　→　定期点検が大切と感じました。

【記】語尾を終止形（言い切りの形）に変更する。【雰】このままでもよい。

追加して大丈夫だと。→追加して大丈夫だと思います。

【記】「〜と。」という話し方は、「思います」「考えます」など述語を補完する。述語を判断できない場合や「〜と。」が極端に続く場合はそのまま。【雰】このままでもよい。

やってみたら、できて。これができるなら全部できると。

くだけた口調では補完しにくい。【雰】このままでもよい。あえて【記】の起こし方が必要な場合はセンテンスの区切りを変更して下記のようにしてもよい。

やってみたらできて、これができるなら全部できると思いました。

長すぎるセンテンスを切る

〜〜なんですけど、それが〜〜なんですけど、また、〜〜なんですけど。
→　〜〜なんですけど、それが〜〜なんです。また、〜〜なんですけど。

【記】【雰】全部を単文（述語が1つ）に切ると「〇〇でございます。〇〇でございます。〇〇でございます」と、単調な雰囲気になってしまう。「〇〇でございますけれども、〇〇でございます」というふうに、多少は複文（述語が2つ以上）がある方が自然。

センテンスを切る際は、語尾をそのままにする（なんですけど。）と、語尾を補完（なんです。）の2通りの方法から適宜選ぶ。

◆ 言葉の修正ドリル　　音声はありません

それぞれの文を〔　〕内の指示に沿って修正してください。

問題　1・ケバ取り　　やってみよう！

① 以上が説明になります、はい。　　〔自己相づちの削除〕

② でもですね、勝ったわけですよ。　　〔終助詞や、終助詞的な表現の削除〕

③ 重要なのは、年寄りの、あ、高齢のユーザーもター……、ターゲットにしたということです。　　〔言い間違いを削除〕

④ この場合の、これかな、じゃないか、この辺り、これだ、2500という数値に、大きな変化は見られません。　　〔独り言的な表現を削除〕

⑤ ピラミット型の組織です。　　〔明らかな言い誤りの修正〕

問題　2・整語

⑥ 100回ってのは大変でしたか。　　〔くだけた表現の修正〕

⑦ それじゃあ説明をお願いします。　　〔くだけた表現の修正〕

⑧ 70人中7人ですから10パーです。　　〔くだけた表現の修正〕

⑨ 言ってることとやってることが違うわけです。　　〔い抜き表現の修正〕

⑩ やらさせてください。　　〔さ入れ表現の修正〕

⑪ ここから見れます。　　〔ら抜き表現の修正〕

⑫ 雨がザーザー、ザーザー降りまして。　　〔言葉の重複の修正〕

⑬ 2カ月間の間、取り組みました。　　〔言葉の重複の修正〕

⑭ 61ページをお開きしていただけますでしょうか。　　〔敬語表現の修正〕

⑮ サッカーばっかしとったんです。　　〔方言的な表現の修正〕

問題　3・整文

⑯ 成績を貼り出しているんです、廊下に、巻紙みたいに。　　〔倒置の修正〕

⑰ およそ1万円ぐらいでした。　　〔意味的な重複の修正〕

⑱ 36.4から7度ぐらいですね。　　〔不足語の補完〕

⑲ 私たちは充実した3年間を過ごさせてもらったと。　　〔語尾の補完〕

⑳ 第8回は、5月30日に行いまして、品川で行いました。　　〔重複の修正〕

解答は次ページ

解答　1・ケバ取り

① 以上が説明になります。

② でも、勝ったわけです。

③ 重要なのは、高齢のユーザーもターゲットにしたということです。

④ この場合の2500という数値に、大きな変化は見られません。

⑤ ピラミッド型の組織です。〔「ト」→「ド」〕

解答　2・整語

⑥ 100回というのは大変でしたか。

⑦ それでは説明をお願いします。

⑧ 70人中7人ですから10パーセントです。〔「10%」でもよい〕

⑨ 言っていることとやっていることが違うわけです。

⑩ やらせてください。

⑪ ここから見られます。

⑫ 雨がザーザー降りまして。

⑬ 2カ月の間、取り組みました。〔「2カ月間、取り組みました」でもよい〕

⑭ 61ページをお開きいただけますでしょうか。〔「開いていただけ〜」でもよい〕

⑮ サッカーばかりしていたんです。〔「していたのです」でもよい〕

解答　3・整文

⑯ 廊下に、巻紙みたいに成績を貼り出しているんです。

⑰ およそ1万円でした。〔「1万円ぐらいでした」でもよい〕

⑱（解答例）36.4度から36.7度ぐらいですね。〔体温の話題だとしても「36.4度から37度」もあり得る。体温の話ではなく、気温などで「36.4度から（ただの）7度」ということもあり得る。実際の音声では、発言の前後から慎重に判断する〕

⑲（解答例）私たちは充実した3年間を過ごさせてもらったと思います。〔「思っています」「感じます」などでもよい〕

⑳ 第8回は、5月30日に品川で行いました。

◆修正処理はバランスが大切

　ケバ取り・整語・整文のいずれも、バランスが大事です。特に、単語を整える処理（整語）は、中途半端になってはいけません。

　元の発言

> ちょうどやってたとこなんすよ。

　この発言を整える場合、次の整え方はバランスが悪いのでNGです。

✕ 悪い例

> ちょうどやっていたとこなんですよ。

　い抜き言葉「やってた」を「やっていた」に、くだけた言い回し「なんす」を「なんです」に直しています。いずれも正しい処理です。しかし、その2カ所を直すなら、くだけた言い回し「とこ」も「ところ」に直さなければバランスが取れません。

〇 良い例

> ちょうどやっていたところなんですよ。

◆逐語起こしと整文を体験しよう

やってみよう！

　ではさっそく、音声「3-2」を2通りの方法で起こしてみましょう。

　🔊 音声〈ダウンロード教材〉**3-2.mp3**　1分2秒

起こし方①　「えっと」なども含め、全て発言通りに文字化（逐語起こし）
起こし方②　ケバ取り、整語、整文を不自然にならない範囲で行う

　　　　　　　起こし例は次ページ

3-2 の起こし方 ①

えーっと、あと、学校現場……の問題について、あの、可能な範囲でいいので、えー、これもなかなか難しいところがあるとは思うんですけどね、ご意見を先生方に私なりに伺ったところですね、えー、以前と比べてみますと、放課後になっても次から次へと会議や書類さく、作りに追われて、個々の生徒と向き合う時間が減ってるとかですね、かなりおうちの……環境とか各人の価値観がいろいろと、かなり多様化、また複雑化する中でね、あー、あのー、担任するクラスを持ち、授業を持ち、しかも部活の顧問もして、しかものしかも、教育委員会からやったら回ってくるアンケートが回答したりっていうのは、もう限度、限界であるっていうようなお話、こういう、こういうことをしばしばお聞きするんですけども、どのように受け止められておられますでしょうか。

句読点の位置は多少異なってもよい。「……」は使わなくてもよい。
「えーっと」「ええと」「えーと」などはいずれの書き方でもよい。

3-2 の起こし方 ②

それから、学校現場の問題について、可能な範囲でいいので、これもなかなか難しいところがあるとは思いますが、私なりに先生方にご意見を伺ったところ、以前と比べてみますと、放課後になっても次から次へと会議や書類作りに追われて、個々の生徒と向き合う時間が減っているとか、おうちの環境や各人の価値観がいろいろと多様化、複雑化する中で、担任するクラスを持ち、授業を持ち、部活の顧問もして、しかも教育委員会からやたら回ってくるアンケートに回答したりというのは、もう限界であるというお話、こういうことをしばしばお聞きするのですが、どのように受け止めておられますでしょうか。

句読点の位置は多少異なってもよい。一部の「、」を「。」にしてもよい。
多少は語順を変更してもよいが、センテンス前半から後半への移動は行わない。
整え方は多少異なってもよい。

起こし方②について、要点を解説します。

◆ **ケバ取りの処理**
- 「えー」などは起こしません。
- 「学校現場……の問題」と少し間を置いて話していますが、「学校現場の問題」とつなげます。
- 言い間違いや言いかけてやめたところを処理します。例えば「書類作成」と言いかけて「書類作り」と言い直しています。
- センテンスの途中に出てくる「ですね、」はケバとみなします。

◆ **整語**
- **い抜き言葉**「減ってる」を「減っている」にします。
- 「やったら」は「やたら」を強調した口調ですから「やたら」にします。
- **くだけた言い回し**「っていう」は「という」にします。
- 「かなりおうちの」「かなり多様化」と近くで2回出てきています。「かなり多様化」の方が意味が通りますから、こちらを生かし、「おうちの」の前にある「かなり」を削除します。
- 「こういう、こういうことを」も **言葉自体の重複**（単純重複ともいいます）ですから、「こういうことを」に直します。
- 「アンケートが回答したり」は不自然です。「アンケートが大変だ」というようなことを言おうとして、途中で気が変わったのかもしれません。「アンケートに回答したり」と **助詞を修正** します。
- 「もう限度、限界である」はどうでしょうか。似たような言葉を続けることで強調する表現と解釈するなら、「もう限度、限界がある」と **助詞を変更** します。そうではなく「もう限度がある」と言いかけて途中でやめ「限界がある」と **言い直した** と解釈するなら、「もう限界である」とします。解釈の個人差が多少出ますが、いずれも誤りとはいえません。
- 「受け止められておられますでしょうか」は **二重敬語** です。「受け止めておられますでしょうか」と変更します。
- 「しかものしかも」という表現は、**言葉の重複** です。これを「しかも」に

修正すると、直前とここで接続詞「しかも」が**連続**します。最初の「しかも」を削除した方がすっきりします。
・冒頭の「あと、」はややくだけた接続詞です。「あとは、」「それから、」「次に、」などと変更すると少し格調が上がります。
・起こし例では直していませんが、「というようなお話、こういうことを」→「というようなお話を」と直すのも、読みやすくなる良い処理です。

◆整文
整文は次のようなところしか行っていません。
「思うんですけど」→「思いますが」
「お聞きするんですけれども」→「お聞きするのですが」

◆前の言葉が消えないために読むと違和感がある
　音声3-2は、「でしょうか。」とセンテンスが閉じるまでが非常に長いので、いくつかのセンテンスに分けたくなります。語順も分かりにくいので、入れ替えたくなります。しかし、この発言を現場で聞いていた人は、さほど変には感じなかったことでしょう。

　人の話を聞くときは、言葉は次々に耳を通り過ぎていきます。
「学校現場の問題について」
　　　　（これが話のテーマだな……）
「可能な範囲でいいので」
「これもなかなか難しいところがあるとは思うんですけど」
　　　　（いずれも相手に対して配慮する言葉だな……）
「ご意見を先生方に私なりに伺ったところ」
　　　　（ここからが質問の実質スタートだな……）
というふうに、次々と耳を通り過ぎては消えていく言葉を追いながら、「どのように受け止めておられますでしょうか」にたどり着きます。
　字で読むときには、前の言葉が消えずに存在するので、語順や構文が文章語（書き言葉）のルールに合っていないと、違和感を覚えるのです。

◆語順の入れ替えには限界がある

整文処理の中で、最も複雑で、しかも**成果が上がらないのが語順の入れ替え**です。

「これもなかなか難しいところがあるとは思うんですけど」は「どのように受け止めておられますでしょうか」にかかっていますから、「どのように」の前に移動すればいいかもしれません。しかし、「可能な範囲でいいので」は、「可能な範囲でいいので→お聞かせください」などと受ける言葉があるべきですが、受けの言葉は存在しません。しかも、「可能な範囲」と「難しいところがある」はひとつながりの表現とも考えられますから、片方だけを大きく移動するのは不自然かもしれません。

◆話し言葉を加工しても書き言葉（文章語）にはならない

実は、話し言葉というのはいくら加工しても書き言葉（文章語）にはならないのです。話し言葉を文章語に変更するには、「要するにこういうこと」と、完全に語彙や語順や構文を書き換える必要があります。

私たちの仕事は、文章を執筆することではありません。あくまでも**話し言葉の記録**です。読んだときある程度の不自然さがあることは受け入れて、可能な範囲でだけ、修正します。**語順の入れ替えは、1、2行の範囲内で限定的に行う**のが無難です。

◆分かる箇所だけ整えるのはNG

また、自分が分かる話題だけ手を入れ、分からない話題を放置するのは悪い整文です。例えば中学校教諭と法律家と医師が話している音声において、中学校教諭の仕事はイメージしやすいのであれこれ整え、法律家や医師の仕事には知識がないので整文しない……ということでは、**教諭だけが整った発言をしているように読めて、不自然な原稿**になってしまいます。

長い音声を起こすときの不統一にも気を付けてください。最初は張り切って細かく手を入れたものの、だんだん疲れてきて後半は整文どころかケバもそのまま放置されているということでは、原稿の統一感がありません。

原稿全体でレベルをそろえることを心掛けるべきです。

第4章
表記ドリル

表記の主なルール／漢字・数字・外来語・英字・固有名詞・約物の書き方
表記ドリル／平仮名の表記／？の使い方

　表記については、第2章で簡単に紹介しました。「常用漢字表」などの国から示された指針をもとに、具体的には新聞表記か速記表記のテキストを入手して、それを参照しながら表記する——でしたね。

　この章では、問題を解きながら表記についての理解を深めます。最初に、表記の主なルールを解説します。

◆表記の主なルール
※【新】は新聞表記、【速】は速記表記の略。どちらとも記載がないものは共通。

①大原則：常用漢字表と付表に採用されている漢字や読み方は使う
- 「**からい**」→「辛い」、「**つらい**」→「つらい」。常用漢字表では「辛」の読みは「シン・から（い）」で、「つら（い）」は入っていないため。
- 「時」の読みに「と」はないが、付表に「とけい→時計」が採用されているので「**時計**」という漢字は使ってよい。

※付表は「とけい→時計」のように熟字訓（個々の漢字に読みが付くのでなく、その熟語全体に特有の読みがあるもの）がまとめて掲載されている表。常用漢字表に付属して発表された。

②常用漢字表と付表に採用されていない音読みの漢字
【新】音読みの言葉は漢字を使い、後ろにかっこ書きで読み仮名を添える。
　　〇「楕円（だえん）」
※『記者ハンドブック』ではルビを付けるとされているが、文字起こしにおいては一般にルビを使わず、後ろに全角かっこを付けて読み仮名を記載する。
【速】音読みの言葉は漢字を使う。読み仮名を添える必要はない。
　　〇「楕円」
【新】【速】基本的に交ぜ書きはしない。交ぜ書きする言葉は用字用語のページに明記されている。　　×「だ円」

③常用漢字表と付表に採用されていない訓読みの漢字
訓読みの言葉は平仮名を使う。　○「うがつ」　✕「穿つ」「穿(うが)つ」

④その他の主な表記ルール
形式名詞は平仮名　※広く解釈し過ぎず、『記者ハンドブック』の「用字について
　　　　　　　　　→形式名詞」の項に例示されている言葉に、主に使う
　　○「このように」「そのことが」　✕「この様に」「その事が」
助動詞や補助用言は平仮名
　　○「貸してあげます」　✕「貸して上げます」
擬態語は平仮名、擬音語は片仮名
　　「がっかり」「じめじめ」「ギャーギャー」「チャリン」

　これらはいずれも原則であり、表記のテキストを見るとさまざまな例外が記載されています。また、送り仮名の付け方についての「本則」や「通則」、動植物名の書き方や学術用語の書き方など、さまざまなルールがあります。これらについて解説されているページも目を通してください。

数字の書き方
　文字起こしでは、数字は主に**アラビア数字**が使われる。「全て全角（１２）」「全て半角（12）」「1桁数字は全角、2桁以上の数字は半角（５個、352個）」などの仕様がある。位取りのコンマや単位語を使う場合がある（1万2,900）。
　単位語（単位字）とは、桁の多い数字をアラビア数字で書くときに入れる「万、億、兆」などの漢数字。『記者ハンドブック』では切りのよい数字に限り「千」も使うとされているが、文字起こしでは「3千」とせず「3000」または「3,000」と表記することが一般的。

　次のような場合は**漢数字**を使う。
・**熟語や固有名詞で、漢字の一部という側面が強い場合**
　　○「一騎当千のつわもの」「一橋大学」
　　✕「1騎当1000のつわもの」「1橋大学」
・**数える語感が少ないもの**　「死ぬまでに一度は見たい」など。
・**全て漢数字を使う仕様の場合**。縦書きで使われる場合などに、全て漢数字という仕様がある。単位語を使う形式（例：千九百円）と漢数字用のゼロを使う形式（例：一九〇〇円）がある。

外来語の書き方

　外来語は、日本語に入ってきてある程度定着したと考えられる言葉で、片仮名で書く（漢字圏の国から入ってきた言葉などを除く）。**表記のテキストでは、外来語の書き方や外来語の用例のページを参照**する。

英字の書き方

　日本語に定着していない英語などの言葉は、片仮名で書くことも元のスペルで書くこともある。アプリケーションソフトの名称なども、英字で書く場合がある。PTAやWHOなどの**頭字語**（名称の頭文字をつなげて作られた略語）は、英字で記載する。「頭字語は全角、普通の単語は半角」「全て半角」などの書き方がある。

固有名詞の書き方

　人名や地名などの固有名詞では、常用漢字表に載っていない字も使う（例：千葉県匝瑳市）。企業名や組織名は、その企業や組織のウェブサイトで正しい表記を確認して書く。社名変更などが実施されることもあるため、うろ覚えで書かないように注意する。

約物(やくもの)の書き方

　約物とは、記号のうち、句読点やかっこ類などのこと。約物は特別な指示がなければ全角にする。「」の使い方に注意。

かぎかっこの使い方

・人が話した言葉は「」でくくるが、単独の行にしない
・閉じかぎかっこの前には句点「。」を打たない
・用語の強調のための「」はできるだけ使わない

誤ったかぎかっこ

家族から、
「無理だ。」
って言われたんです。「財形貯蓄」の方がいいらしいです。

正しいかぎかっこ　　どちらも正しい書き方です

家族から「無理だ」って言われたんです。財形貯蓄の方がいいらしいです。
家族から、無理だって言われたんです。財形貯蓄の方がいいらしいです。

人が話した言葉でも、「」なしで分かるようなら「」なしにする。

◆表記ドリル
音声を聞いて、空欄に当てはまる言葉を正しい表記で入力してください。

問題 4-1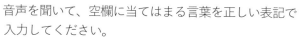

① 【　　】の害はずっと言われ続けているんですよ。
② 初めから【　　】と決めつけないでおきましょう。
③ 過去の【　　】から、今回は無理だと結論付けたのです。
④ まさに【　　】驚きでした。
⑤ 今度、私の【　　】を紹介しますね。
⑥ 【　　】にできることがあったら言ってください。
⑦ 頼む。どうしても金が【　　】んだよ。
⑧ ご搭乗の【　　】に申し上げます。
⑨ 参加者の方から【　　】ご意見を参考にしております。
⑩ 来月の懇談会に出席して【　　】ますか。

問題 4-2

① 現地へ直接お越し【　　】。
② それからはまるで【　　】日々が続いたのです。
③ 次の会議に使う資料を【　　】おいてくれませんか。
④ この地区の治水のためには、どうしてもダムを【　　】必要があるのです。
⑤ このごろは【　　】ことばかりで嫌になってしまう。
⑥ それで、鈍い私もやっと【　　】んですよ。
⑦ あの人はいつも、元気な声で「【　　】」とあいさつしてくれます。
⑧ こんな初歩的な問題で【　　】どうするんだ。
⑨ 味見をしながら【　　】塩を加えるといいですよ。
⑩ あの人が言うことなら【　　】ではないと思います。

解答は次ページ

＊当てずっぽうで表記せず、こまめに表記のテキストを確認しましょう。

【解答】 4-1

①たばこ　植物名としてはタバコ、製品としてはたばこ。書籍名や映画名などの固有名詞に出てきたときはその表記に合わせる。

②できない　「出来ない」✕。動詞・副詞などの場合は平仮名を使う。

③出来事　「出来心」「出来上がる」など、名詞形や複合語の場合は漢字を使う。

④うれしい　「嬉しい」✕。「嬉」は漢字表にないので使用しない。

⑤友達　「達→だち」は漢字表にない音訓だが、慣用表記として漢字を使う。

⑥私たち　「友達」以外の「○○たち」は平仮名を使う。用字用語集の「…たち」を調べると確認できる。

⑦要る　「必要」の意味なので、「居る」「入る」は✕。

⑧皆さま　「皆様」「みなさま」✕。用字用語集の「…さま」を調べると確認できる。

⑨頂いた　「もらう」という意味の場合は漢字を使う。

⑩いただけ　補助動詞「〜していただく」の場合は平仮名を使う。

【解答】 4-2

①ください　補助動詞「〜してください」の場合は平仮名を使う。

②夢のような　「ような」は形式名詞なので平仮名を使う。

③作って　小規模なものの場合は「作」を使う。

④造る　大規模なものの場合は「造」を使う。

⑤頭にくる　「来る」の意味が薄れているので平仮名を使う。

⑥気付いた　「気が付く」の意味なので、「きずいた」と入力せず「きづいた」と入力して変換する。

⑦こんにちは　あいさつの言葉としては「今日は」「こんにちわ」は✕。

⑧つまずいて　「躓いて」✕。「躓」は漢字表にないので使用しない。「つまづいて」と入力しないように注意。

⑨少しずつ　「少しづつ」としないように注意。「ぢ」「じ」、「づ」「ず」の使い分けは用例集のページでも確認できる。

⑩うそ　「嘘」は漢字表にないので使用しない。

問題 4-3 〈ダウンロード教材〉**4-3.mp3** 0分42秒

①食事の後で、つい【　　】してしまいました。
②飛行機の飛ぶ音が【　　】と耳に響いたんです。
③もうすぐ夜が【　　】。
④ちょっと場所を【　　】くれない？
⑤君とは気が【　　】思っていたのだがね。
⑥本当にひどい目に【　　】よ。
⑦ようやく勉強の成果が【　　】きたんですよ。
⑧次第に本性が【　　】きたようです。
⑨それではタイミングを【　　】出掛けよう。
⑩合理化を【　　】、生産性の向上を目指します。

問題 4-4 〈ダウンロード教材〉**4-4.mp3** 0分45秒

①本日の特売品は【　　】勝ちですよ。
②この曲は、徐々にテンポが【　　】なってくるんです。
③まず【　　】を済ませてからお入りください。
④【　　】は、来週の月曜日からです。
⑤今日中にお金を【　　】必要があります。
⑥この【　　】って、安くならないの？
⑦行きつけの店では、いつも【　　】を注文します。
⑧虫が苦手。これが彼の唯一の【　　】です。
⑨メールか【　　】でお問い合わせください。
⑩何度も【　　】をして、システムを完成させました。

解答は次ページ

＊答え合わせをした後は、もう一度音声を聞きながら、今度は空欄だけでなく全体を正しい表記で入力してみましょう。さらに表記を覚えることができますよ。

解答 4-3

①**うとうと**　擬態語はなるべく平仮名。用字についてのページで確認できる。
②**キーン**　擬音語・擬声語はなるべく片仮名。擬態語と併せて確認しよう。
③**明ける**　「明るくなる」の意味なので、「明ける」を使う。
④**空けて**　場所や時間は「空ける」を使う。
⑤**合わないと**　合致・調和の意味なので、「合う」を使う。「あう」にはいろいろな漢字があるので使い分けに注意。
⑥**遭った**　思わぬ出来事に遭遇するという意味なので、「遭う」を使う。
⑦**表れて**　表に出す・表示・表明の意味なので、「表れる」を使う。
⑧**現れて**　隠れていたものが出現するという場合は、「現れる」を使う。
⑨**計って**　計画・計算のときは「計る」を使う。
⑩**図って**　意図・企図のときは「図る」を使う。

解答 4-4

①**早い者**　先着順という意味で、時間関係のことを示しているので「早い」を使う。
②**速く**　速度関係には「速い」を使う。
③**受け付け**　「受付」「受付け」✕。この問題においては受け付けを済ませるという手続きの行為を指すので、送り仮名が必要。受け付けの場所・人・係や時間を指す場合は送り仮名なしで「受付」とする。
④**受付開始**　受付の時間（期間）を指すので送り仮名を付けない。用字用語集ページ「うけつけ」の欄の他、「経済関係複合語の送り仮名」のページも参照。
⑤**振り込む**　「振込」「振込む」✕。経済関係複合語組み合わせ表で確認できる。
⑥**振込手数料**　経済関係複合語組み合わせ表で、A欄の語+B欄の語の場合は送り仮名不要。
⑦**ギョーザ**　「ぎょうざ」「餃子」✕。「餃」の字、「子」の音訓は漢字表にないので使用しない。外来語・片仮名語用例集のページでも確認できる。
⑧**ウイークポイント**　「ウィークポイント」✕。「ウイ」と「ウィ」の使い分けについては、外来語の書き方、用例のページで確認できる。
⑨**ファクス**　「ファクシミリ」が元の語なので、「ファックス」「FAX」は✕。
⑩**シミュレーション**　「シュミレーション」と間違わないように注意。

問題 4-5 〈ダウンロード教材〉 4-5.mp3　0分55秒

英字・アラビア数字は半角で入力。

①位取りのコンマを付けて、【　　】と書いてもらえますか。
②この仕事は【　　】になっても続けたいと思っています。
③1年前の事故によって【　　】の尊い命が失われたのです。
④次にご登壇いただくのはこの【　　】です。
⑤【　　】における日本の犠牲者は200万人以上と言われています。
⑥最後に出てきた案が【　　】いいと思いました。
⑦回答者の【　　】が問題ないと答えております。
⑧【　　】のうちに、いろいろな体験をしておきなさい。
⑨では、次に【　　】の資料をご覧ください。
⑩年度当初は良かったのですが、【　　】の業績がかなり落ちました。

問題 4-6 〈ダウンロード教材〉 4-6.mp3　0分56秒

英字・アラビア数字は半角で入力。

①近年、【　　】の患者は増加傾向にあるようです。
②【　　】とは、噴火により生じた火山岩のかけらです。
③2008年の【　　】オリンピックでは花火が話題になりましたね。
④古い時代の【　　】の国旗は、確認できていないようです。
⑤けがが治るまでに【　　】かかると言われました。
⑥体重を10【　　】落とすには、どれほどの努力が必要なのだろうか。
　　単位を片仮名で _____　単位を半角英字で _____
⑦太陽光発電の「【　　】」は、発電したエネルギーの総量を表しています。
　　単位を片仮名で _____　単位を半角英字で _____
⑧まだ空席がありますので、【　　】ご参加ください。
⑨昔【　　】いた歌を、今も覚えています。
⑩ここに来たことが【　　】と言っているが、本当だろうか。

> 解答は次ページ

*数字は、漢数字で書くべきかアラビア数字を使うかにも注意が必要です。

> 解 答 4-5

① **5,800円**　コンマ「，」をピリオド「．」や読点「、」と間違わないように注意。

② **70歳**　年齢はアラビア数字を使う。年齢を示す場合に「才」は使用しない。

③ **十数名**　曖昧な数の場合は漢数字を使う。

④ **お二人**　人数を示す場合はアラビア数字「2人」が原則だが、おふたりは「お二人」を使う。用字用語集ページの「二人」でも確認できる。

⑤ **第2次世界大戦**　回数はアラビア数字。数字の表記例ページでも確認できる。

⑥ **一番**　「最も」という意味で、副詞的な用法なので漢数字を使う。

⑦ **4分の3**　分数ではアラビア数字を使い、原則として「○分の○」の形で表記する。「3/4」「四分の三」✗。

⑧ **20代**　「20台」としないように注意。年代を表しているので、「代」を使う。

⑨ **A4判**　「A4版」としないように注意。用紙などの規格を表す場合は「判」を使う。

⑩ **第2四半期**　「第2」は数えられるのでアラビア数字、「四半期」は成句なので漢数字。

※数字については、数字の書き方・数字の表記例のページを参照。

> 解 答 4-6

① **うつ病**　「鬱」は漢字表にないので使用しない。病名・身体諸器官の表記例のページでも確認できる。

② **火山れき**　「礫」は漢字表にないので使用しない。学術用語のページで確認できる。

③ **北京**　中国の地名は原則として漢字を使う。外国の地名・人名の書き方のページで確認できる。

④ **ノルウェー**　「ノルウェイ」「ノルウエイ」✗。外国地名一覧のページで確認できる。

⑤ **2カ月**　数字に付く場合や「何カ月」などは普通の片仮名の「カ」を使う（小さい「ヵ」「ヶ」を使わない）。用字用語集ページの「か」や「かしょ」で確認できる。

⑥ 単位を片仮名で→　**キログラム**　　単位を半角英字で→　**kg**

⑦ 単位を片仮名で→　**キロワットアワー**　　単位を半角英字で→　**kWh**

　　計量単位の使い方のページで確認できる。単位は原則として片仮名だが、仕様によってはローマ字略号を使う。「㎏」などの1字に組まれた機種依存文字は使用せず、「k」「g」などそれぞれ半角英字を使う。単位記号で人名にちなむ部分は大文字と国際基準で定められており、Wは「ワット」という人名から来るため、大文字。

⑧ **ぜひ**　副詞の場合は平仮名。「事の是非を問う」など、良い悪いを示す場合は漢字。

⑨ **はやって**　「流行って」は漢字表にない音訓なので使用しない。

⑩ **ない**　平仮名書きを活用するとされている。助動詞・補助用言の場合も平仮名。

問題 4-7　音声〈ダウンロード教材〉**4-7.mp3**　0分49秒

①総力を挙げて取り組んだ【　】、結果は出ませんでした。
②【　】は明治36年生まれの詩人です。
③明日は晴れる【　】ですね。
④新しいメールアドレスは【　】ですよね。
⑤復帰してほしいと【　】言ってくるんです。
⑥そういう事情は校長と【　】把握していないでしょう。
⑦これで【　】のは、かなり潮目が変わってきたということです。
⑧ご相伴に【　】ましてありがとうございました。
⑨これですか。【　】に大きいんですね。
⑩情報をさらに【　】すると、真相が見えてきました。

問題 4-8　音声〈ダウンロード教材〉**4-8.mp3**　0分53秒

①終わりまで【　】いただきありがとうございました。
②来る7月末を【　】閉店いたします。
③そんなことまでしていただいたら、【　】申し訳ありません。
④【　】円って、すごい額だね。
　　半角のアラビア数字、万以上で単位語を入れ、位取りのコンマを付ける
⑤私はお金が【　】とは思いませんね。
⑥【　】が起きたのは平安時代だっけ？
⑦現場を見ようと、見物人が【　】に取り囲んでいました。
⑧世の中はやっぱり【　】ですよ。
⑨その協定は【　】において改定合意されたのです。
⑩【　】に残れたのは運が良かったからだと思っています。

解答は次ページ

＊問題を解くときは紙に手書きせず、必ずパソコンで入力してください。パソコンの日本語変換システムは、「入力→変換→確定」した言葉を記憶します。入力練習をすることで、自分のパソコンも正しい表記を覚えていくという副次効果があります。

[解答] 4-7

①にもかかわらず　「〜にかかわらず」という場合は平仮名を使う。「関わらず」「拘わらず」✕。

②金子みすゞ　固有名詞の場合は「ゞ」などの繰り返し符号（踊り字）を使ってもよい。用語についてのページで確認できる。姓名の間にスペースを入力しない。

③かもしれない　「かも知れない」✕。補助用言のときは平仮名を使う。用字用語集「…かも」と「しれない」のページで確認できる。

④ご存じ　「ご存知」としないように注意。

⑤いまだに　「今だに」✕。元の漢字は「未だに」だが、「未」は漢字表にない読み方なので使用しない。

⑥いえども　「言えども」✕。元の漢字は「雖も」だが、「雖」は漢字表にないので使用しない。

⑦分かる　「解る」「判る」は漢字表にない漢字なので、使用しない。

⑧あずかり　関与する・受けるという意味の場合は平仮名。

⑨意外　思いの外という意味なので、「以外」としないように注意。

⑩深掘り　お堀のことではないので、「深堀」としないように注意。

[解答] 4-8

①ご清聴　「静かに聞いてほしい」というときは「静聴」、講演の終わりなどに「聞いてくれてありがとう」と感謝の意を述べるときは「清聴」を使う。

②もって　元の漢字は「以て」だが、「以」は漢字表にない読み方なので使用しない。

③かえって　「帰って」「返って」としないように注意。元の漢字は「却って」だが、「却」は漢字表にない読み方なので使用しない。

④3億4,500万6,100　アラビア数字の全半角や単位語の有無、位取りのコンマの有無などの仕様に注意する。

⑤全て　「総て」「凡て」はいずれも漢字表にない読み方なので、使用しない。

⑥前九年の役　歴史用語などで、表記が定着しているものは数字に漢数字を使う。

⑦十重二十重　成句や慣用句の場合は数字に漢数字を使う。

⑧ギブ・アンド・テーク　3語以上からなる複合語には、原則として中点「・」を入れる。外来語の書き方、用例のページで確認できる。

⑨ウルグアイ・ラウンド　ウルグアイ（国名）とラウンド（包括的交渉）の複合語。2語の場合でも、固有名詞と外来語が複合するときは中点「・」を入れる。

⑩ベスト8　外来語として定着していない場合は、アラビア数字を使う。

◆平仮名の表記
　第3章で、ケバまで全部言葉通りに起こす「逐語起こし」という仕様を紹介しました。全部言葉通りと指示されると、例えば次のような起こし方をしてしまうことがあります。
　　× こーゆーことがあったんです。
　　× こおゆうことがあったんです。

　確かに私たちは「こ・う・い・う」とは発音していませんが、それでも「こーゆー」や「こおゆう」は誤りです。表記はあくまでも表記のテキスト通り、もっと言えば文化庁から示された「現代仮名遣い」通りに、「こういうことがあったんです」と入力します。
　また、小書きの**平仮名**は原則として「っ、ゃ、ゅ、ょ」のみを使います。
　　× あぁ、そうですか　→　○　ああ、そうですか。

　平仮名の語に長音符号（音引き）「ー」を使うこともできるだけ避けます。
　　× しかーし、実は簡単です。　→　○　しかし、実は簡単です。

本来は「えーと」も「ええと」と表記します。ただ、「えー、そうですね」を「ええ、そうですね」と表記すると、同意の意味に取れてしまうという問題があります。この場合は「えー」と書く方が誤解されにくいので、それに合わせて「えーと」にすることがあります。

◆？の使い方
　？使用可の仕様でも、明らかに質問と分かる表現では「？」を使いません。
　　× どれですか？　→　○どれですか。
　　× 違う。　→　○　違う？
　（「違う」だと質問でなく否定に読めてしまうので「？」を使う）

◆表記は時代とともに変わる
　「外来語の表記」では二重母音は長音符号「ー」で表すとされていますが、『記者ハンドブック』第13版では「メイド」や「メイン」が盛り込まれました。全ての二重母音の表記が変わったわけではありませんから、こまめに外来語のページを確認します。今後の表記の変化にも注意してください。
　また、話者が正しく発音しなかった場合も、「× 二段ベット→○　二段ベッド」など正しい言葉で書きます。

第5章
入力ドリル

目標タイム／Wordの書式設定・文字カウント／入力ドリル／Wordの編集記号の表示・字下げ設定・校正機能／日本語変換システム／入力の小ワザ／音声入力

　文字起こしの仕事にはタイピングの正確さと速さが必要です。1字ずつキーを探しながら入力しているようでは、タイピングに気を取られ過ぎて、聞き取りに集中できません。音を聞いただけですぐ指が動くようになっていれば、その分、音声の聞き取りに集中できます。

◆若くてもパソコンのタイピングには苦労する

　「もう若くないからタイピングは苦手」と言う年配の人もいます。しかし、若い人はスマホに慣れて、フリック入力なら速い一方でパソコンのタイピングには不慣れなことがあります。

　文字起こしは、音声再生ソフトやWordなど複数のソフトを並行して使いますから、スマホでは作業できません。若くても年配でもお互いさまです。入力練習あるのみです。

　この章では、「文字を見ながら入力」「音声を聞きながら入力」の両方を練習します。Wordの設定や、スピーディーにタイピングするための技術を解説します。それでもタイピングはやっぱり苦手……という方のために、音声入力の方法についても取り上げます。

◆練習の手順

やってみよう！

①問題5-1から問題5-7まで、起こし例を見てその通りに入力する。それぞれの問題について、誤字脱字がないか校正し、入力が間違っていたら直す。時間を計るときは、入力・校正・直しまでの合計タイムを計測する。出力して校正する場合、印刷時間はタイムに含めなくてよい。

②問題なく入力できるようになったら、音声を聞いて起こす。表記の正しさにも注意し、こまめに表記のテキストで確認する。音声の最後まで起こしたら、

音声の最初に戻って聞き直し、聞き誤りや誤字などを校正する。
（音声を聞いて起こす場合、句読点の位置は起こし例と同じでなくてもよい）

◆目標タイム
　起こし例を見てその通りに入力する場合→**10分間で600字**（できれば**800字**）
　音声を聞きながら入力する場合→**音声長さの6倍程度の作業時間**

◆Wordの書式設定の推奨
・フォントの種類：日本語用→MS明朝、英数字用→CenturyまたはMS P明朝
・フォントサイズ：10.5pt
・ページレイアウト：A4判36字×40行程度、余白は上下左右30ミリ以上
　行間を詰めたり余白を減らしたりするのは、良くない入力方法です。文字をぎっしり入力し過ぎると、誤字などのミスに気付きにくくなるからです。

OnePoint
　Wordのバージョンによっては、游明朝が初期設定のフォントになっていることがあります。
　游明朝はデザイン的に優れたフォントですが、英字・数字の全角半角を見分けにくいため、文字起こしの練習では使わない方が無難です。

仕様：【5-1〜5-7まで共通】
起こし例を見て入力する場合
　1）起こし例通りに入力する。
　2）アラビア数字は半角。位取りのコンマを入れる。
音声を聞きながら起こす場合
・上記の2）は共通。
・「えー」「あのー」などのケバが入っていてもそれは起こさない。
・語順の変更、助詞の補い、くだけた表現などの修正は行わない。
※追加の仕様がある場合は、各起こし例の前に記載します。

　音声を聞きながら起こす場合、句読点の位置は例と異なっても構いませんが、バランスよく適切に入れましょう。特に読点「、」は、話者の息継ぎのたびに入れるのではなく、意味の切れ目に入れます。40字に1個以上は打つのが目安です。意味を取り違えそうな箇所に入れることも大切です（例：×「今森さんが」（今森という姓ではない場合）→○「今、森さんが」）。

問題 5-1
起こし例（100字）　音声〈ダウンロード教材〉**5-1.mp3**　0分16秒

追加仕様： 人物の表記は「田中」で確定してよい。

> 次回のフォーラムの企画でございます。前回の運営委員会を開催した折に、本日ご出席されていますけれども、北海道の田中さんがアンケート調査をされているということで、その調査がまとまるということでございます。

　ごく一般的な会議の内容です。難しい言葉は出てきません。「■タナカ■さん」と不明処理する必要はありません。

問題 5-2
起こし例（100字）　音声〈ダウンロード教材〉**5-2.mp3**　0分25秒

> 3,871例には、治験の移行症例344例、転院症例106例が含まれます。患者背景や副作用全体の頻度に関しては新規症例の3,421例で、個々の副作用に関しては、移行例も含めた3,871例でお話しします。

　医薬系の内容です。専門的な言い回しが多く出てきます。「治験」を「試験」「実験」などと誤入力してはいけません。数字を半角にすることや、位取りの半角コンマを入れることも注意してください。

◆Wordの文字カウントの見方と注意

　問題5-2は100字ありますが、Word下部に表示される文字数は「84」になることがあります。半角の英字や数字については単語数で表示されるためです。「文字数」の部分をクリックすると、**文字カウントのダイアログボックス**が開き、単語数は84でも文字数は100であることが確認できます。

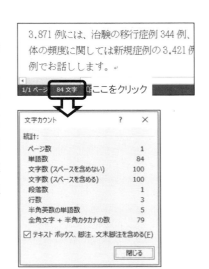

◆Word の使いこなしも練習のうち

　問題5-2には「100字」と書かれているのに、Wordでは「文字数：84」と表示される……。今回は解決方法を示しましたが、Wordやその他のソフトウエアの操作・設定が分からないことは、この先も出てくるはずです。こまめにネット検索して、対処方法を調べる習慣を付けましょう。

　この例なら「文字カウント　Word　合わない」「Wordで文字カウントが合わない」などと検索すると、参考になる情報が見つかります。

問題 5-3　　音声〈ダウンロード教材〉**5-3.mp3**　0分34秒
起こし例（200字）

追加仕様：最初の話者「平端：」、次の話者「牧：」。音声内の人名「水原」。

> 平端：これほどの発言した人っていうのは、歴史上あまり聞いたことがないですね。単なる心酔ではないんですね。自分の存在の基という……。
> 牧：そう。簡単に言えば、会社員としての常識、根本的にそういうのがなかった。だから、下手すれば常識社会からはね飛ばされてたかもしれない。「水原さんがいなかったら、おそらく自分は会社から独立して、辞めて、何かやってただろう」って言ってました。そのまま書いていいと思いますよ。

　「……」は、三点リーダー「…」という記号を2個連続で使います。三点リーダーは、「てん」か「さんてん」と入力して変換すると表示されます。

　フォントが「Century」などの英数字フォントになっていると、「……」と下の方に表示されることがあります。範囲指定して「MS明朝」などの日本語フォントに変更すると、真ん中に「……」と表示されます。

　「っていう」というくだけた表現、「やってた」などのい抜き表現は、この仕様では直さず、そのまま入力します。

＊文字起こしでは「……」の他に「──」を使うこともあります。「──」は全角ダッシュ「─」を2個連続で入力したものです。長音符号（音引き）「ー」、全角のマイナス記号「－」、全角ダッシュ「─」を正しく使い分けてください。

問題 5-4
起こし例（200字）

追加仕様：アラビア数字は全角。段落冒頭は全角スペース1個を入力。

　進行方法についてお諮りいたします。報告事項ならびに第1号議案から第4号議案までの決議事項につきましては、ご出席の皆さまからご質問、ご意見、動議を含め審議に関する一切のご発言をお受けし、その後は決議事項については採決のみさせていただきたいと思いますが、ご異議ございませんか。賛成の方は拍手をお願いいたします。
（拍手）
　ありがとうございます。過半数のご賛同を得ましたので、これで進行させていただきます。

◆（拍手）の入力方法、改行と段落替え

　マンション管理組合の総会の場面です。拍手があったという記載は、賛成多数だったという**証拠として議事録に残されます**。このような（拍手）は独立した1行に入力します。かっこ記号は、特別な指示がなければ全角にします。

　問題5-4の1行目は「議」までですが、入力練習をするとき、**折り返しの位置を本書の例に合わせる必要はありません**。本書は1ページ30字程度しか入りませんが、文字起こしは一般にA4判の用紙を使いますから、1行40字程度入るはずです。

　行の右端でいちいち改行マークを入力する必要はありません。自然に折り返させます。**段落替えが必要な箇所だけ改行マークを入力**します。問題5-4では「お願いいたします。」の後と（拍手）の後に改行マークを入力します。

◆「編集記号の表示」でスペース記号を確認

　（拍手）は左端から入力しますが、それ以外の段落は段落冒頭に全角スペース1個を入力する仕様です。問題5-4では「進行」の前と「ありがとう」の前に、全角スペース1個を入力します。問題5-4は、全角スペース2個を含めて200字です。

Wordの文字カウント画面で、「文字カウント（スペースを含める）」が198字と表示される場合は、**全角スペースを入力したのに、「字下げ」の書式設定に自動で（勝手に）変更されている**可能性があります。

　全角スペースと字下げの書式設定を自由に使い分けられる知識があれば、実務では仕様で指定されない限りどちらを使っても構いません。不用意に混在するのはNGです。**本書では練習として、段落冒頭は全角スペース1個を入力する方法（字下げ機能を使わない方法）に統一します。**

　段落冒頭に全角スペースが入力されているか、字下げに変更されたかは、「編集記号の表示/非表示」を「表示」にすると分かりやすくなります。全角スペースが入力されていれば、画面ではグレーで□が表示され、確認できます（「表示」にすると半角スペースはグレーの「・」で表示されます）。

[ホーム]→[段落]のこのマーク「編集記号の表示/非表示」を
オンにすると、スペース記号や改行記号を画面上で見ることができる

全角スペースが入力されている　　　改行マークが入力されている

◆Wordの自動字下げ設定を解除する方法

　字下げ機能を使う意図がないのに自動で字下げに変換されてしまう場合は、次のように解除します。

[ファイル]→[オプション]→[文章校正]→
[オートコレクトのオプション]→
[入力オートフォーマット]タブと[オートフォーマット]タブの両方で
　「行の始まりのスペースを字下げに変更する」のチェックを外す。

それでも自動で字下げに変更される場合は、[入力オートフォーマット]タブと[オートフォーマット]タブでその他のチェックもできるだけ外す。
※設定方法はWordのバージョンによって異なります。

ほとんどのチェックを外したWordの[入力オートフォーマット]と[オートフォーマット]。このぐらい外しても支障はない

◆校正について

　Wordは文章校正機能を行う設定にしておきます。文字の下に波線が表示されてうっとうしいですが、誤字に気付きやすくなります。

　Wordで文章校正機能を行う設定：[ファイル]→[オプション]→[文章校正]で「自動文章校正」にチェックを入れる

　自動文章校正は、表記揺れ（同じ言葉に「タバコ」「たばこ」など別の表記が使われていること）や、くだけた表現「〜んです」→「のです」への修正）なども、波線が表示されます。意図しない表記揺れは直し、理由があって表示を使い分けている場合は指摘を無視します。くだけた表現も、必要があって使っている場合は指摘を無視します。

　他にも送り仮名のチェックなど細かい設定ができます。

問題 5-5
起こし例（400字）

音声〈ダウンロード教材〉**5-5.mp3** 1分11秒

追加仕様：
- 音声はMARIN Developer Forumというイベントの冒頭部分。
- 話者名は「司会　」と立てる（司会の後ろに全角スペース1個）。
- 確認できない人名等は片仮名で表記し、〓（下駄記号）で前後をはさむ。
- 英字、アラビア数字は半角。
- 話者名を立てた段落以外は、段落冒頭に全角スペース1個を入力。

司会　大変長らくお待たせいたしました。それでは、MARIN Developer Forumを開始させていただきます。私は、本日の司会を務めさせていただきますMARINの〓スズキミユコ〓と申します。どうぞよろしくお願いいたします。

　では、開演に先立ちまして、幾つかご案内をさせていただきます。まず、会場内でのご飲食、喫煙、携帯電話のご使用はご遠慮いただいております。また、フラッシュを使用しての写真撮影は、各セッションの開始後1分以内でお願いいたします。また、会場の見取り図はこちらのようになっております。お手洗い、また喫煙所の確認をお願いいたします。

　本日のセッションは、あちらのブースからライブ配信をしております。ライブは、11月14日まで皆さんにご覧いただくことができます。お帰りになってからもう一度確認されたり、あるいは本日いらっしゃっていないご同僚の方などにぜひご案内いただければと思います。

5-5 のポイント

- MARIN Developer Forum　英字は半角。MARIN は全部大文字、Developer と Forum はそれぞれ 1 字目のみ大文字。単語間のスペースは半角。
- 務めさせて　「勤め」「努め」などの同音異義語に注意。
- 〓スズキミユコ〓　〓は「げた」と入力して変換すると出てくる記号。「イコールの太字」ではない。姓名の間にスペース記号を入力しない。
- 見取り図　送り仮名「り」が必要。
- 「1 分」「11 月 14 日」　アラビア数字は半角。「もう一度」は漢数字。

問題 5-6 起こし例（600字）　　音声〈ダウンロード教材〉5-6.mp3　1分50秒

追加仕様：
・音声は高校卒業生の発表の一部。話者名は立てない。
・口調を生かす（「〜なんですが」を「〜なのですが」に直さない）。
・段落冒頭に全角スペース1個を入力。

　中学生の時、いろんな職業に興味があったんですが、活躍している栄養士さんの姿をテレビで見る機会があって、それで管理栄養士になりたいと決めました。そのことを親に話したら、その後に母がこの高校を見つけてきたんです。ここなら最短で栄養士になれるかもと思って、入学を希望しました。

　高校に入ると、結構化学に力を入れているということが分かって、私は当時、本当に化学が楽しくてしょうがなくて、部活が終わった後にも化学室に行って、ずっと先生の話を聞いていたり、質問をしたりということをいつもしていました。それで、とにかく化学ができる栄養士になりたいと思って、大学もそのまま化学系に行かせていただきました。

　今、私がやっている仕事は病院での管理栄養士なんですが、病院の管理栄養士として栄養相談もそうですが、さっきのお話の終末期とかの方で、食事を食べられない方への栄養、輸液とかですね。そういう、栄養に関することは薬剤師さんではなく、管理栄養士がやっているんです。そんなところでも化学的な知識が生かされてきています。

　ただ栄養士になりたいと思ってこの高校に入学しましたが、そこで初めて化学の面白さを教えてもらって、より化学の知識を持った栄養士になりたいと思うようになっていきました。現在では、私は出産もして少し感覚が変わってきていて、終末期の食だけではなく、アレルギー対応が必要な方の食について関心が強くなっています。

5-6 のポイント

・高校の科目としては「化学」であるため、「科学」を混在させないよう注意。
・「管理栄養士」は国家資格名。「管理栄養師」としない。

問題 5-7
起こし例（800字）

音声〈ダウンロード教材〉**5-7.mp3** 2分2秒

追加仕様：話者情報はダウンロード教材「5-7washa-memo」を参照。
話者名は「姓：」太字。英字は半角。話者が替わるとき1行空けしない。

舩木：うちもそうですよ。夜中の間に入っているという。
堤：うちもほぼ一緒ですからね。それぞれの苦労が、どこもそういうふうにあるんですよね。あと、先ほど舩木さんがおっしゃられたのの補足なんですけど、ローカルのセールスの人っていうのは、ローカルコーポレート——地場の会社とかあるいは時にはMNC、マルチナショナルの会社、要は欧米系の企業の取引の方が簡単なんですよね。
舩木：そうそう。
堤：時間がかかるんですよ、日本の企業っていうのは。とにかく時間がかかって、そうすると彼らも数字を背負って、バジェットを背負って動くわけだから、やっぱり簡単な方へ行く。そこをいかに……。教育していかないと絶対動いてくれないんです。
柴田：幸い、最初のころは相当に大変だったけど、今やこれだけのネットワークができてきましたからね。日本の企業は時間がかかるけど、一回取引が始まるとフルーツがずっと継続して大きくなるってことなんですよね。これがだんだん分かってきてくれていると思う。
　新しいところを作るといったときに、すぐ向こうに電話をかけるなりで、こいつを信じてくれと。時間はかかるかもしれないけれど、必ずこれはうまくいくと。それを分かってきている。これから始めようなんてところは、まずそこが分からないから、そこでつまずく。
舩木：人間関係っていうのはもちろん一番大事ですよね。それはどこでも同じ、東京でもそうですよね。ただ、彼らが背負ってるミッションっていうのは、それ以上に物理的な遠さとか時間的な違いだとか、どうしてもあるから。
堤：そうなんです。それなのに、なんでそういうところでやってくれるかというと、やっぱり、できたときの喜びってすごく大きいんだと思います。それはみんな経験しているから。
柴田：その前に、ちょっとすみません。風船を持って帰らなきゃいけないんですけど。写真撮って帰らなきゃいけないから、ちょっと写真撮りましょう。

10分600字の入力を目標と79ページに書きましたが、問題5-7は800字あります。できれば10分800字の入力スピードまで習得することがおすすめです。
　問題5-7の内容は、企業の海外駐在員による座談会です。分からない言葉があったらネット検索などで調べて、できるだけ内容を理解・想像してください。「MNC」は多国籍企業（マルチナショナル・カンパニーもしくはマルチナショナル・コーポレーション）のこと。「バジェット」は予算。「フルーツがずっと継続して大きくなる」の「フルーツ」は、ここでは仕事の成果、結果、取引額などを指しています。

5-7 のポイント

・「一回」「一番」この文脈ではどちらも一は漢数字。
・時間が「かかる」電話を「かける」は平仮名。
・倒置の修正や助詞の補いは、この仕様では行わない。79ページの仕様を参照。

　入力問題はここまでで終わりです。では、入力や変換のコツをいくつかご紹介しますね。「コツがあるなら先に教えて」という感じですが、実際に入力した後だからこそ実感できるテクニックもあるのです。

◆日本語変換システムについて

　Windowsパソコンの場合、日本語変換システムを何も自分でインストールしていなければ、**MicrosoftのIME（MS IME）**が日本語変換を担当しています。その他の日本語変換システムについても特徴を紹介します。

　ATOK（エイトック）　ジャストシステム社、有料。ATOKに「共同通信社 記者ハンドブック辞書 for ATOK」（有料）を追加して使うと、変換するとき、『記者ハンドブック』に沿って表記の使い分け情報が表示されます。

　Google日本語入力　Googleが提供しているだけに、新語に強い傾向があります。無料。インターネット上からダウンロードします。

Windowsパソコンではタスクバーに日本語変換システム名が表示される。これはMS IMEのアイコン。ATOKなどをインストールした場合は、ここをクリックすると切り替えられる。

「あ」（もしくは「A」と表示されている）の上で右クリックすると、単語登録などのメニューが表示される

◆変換のテクニック①　予測入力

　MS IMEには「予測入力」という機能があります。最初の数文字を入力すると、それに続く言葉を予測して候補が表示されるものです。同様の機能にはATOKやGoogle日本語入力にもあります。この機能はスピーディーな入力に不可欠ですから、積極的に使いこなしてください。

◆変換のテクニック②　手書き

　問題5-7で「舩木」の読み方は分かったでしょうか（音声では堤さんが「ふなきさん」と発言しています）。

　読みが分からない漢字は、手書きで出します。MS IMEの場合は「あ」または「A」の上で右クリック→IMEパッドを選択→「手書き」のアイコンをクリック→枠内にマウスで書く→右側に表示された候補から目的の漢字をクリック。

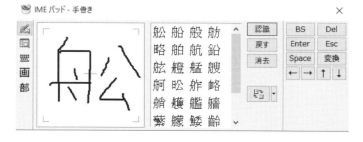

◆変換のテクニック③　単語登録

　同音異義語が多い言葉など、予測入力が使いにくいものは、単語登録をします。例えば「こうえん」と読む言葉は**「講演」「公園」「後援」「公演」**などたくさんあり、予測入力は効率的ではありません。しかも、「○○社後援の講演の席で」など異なる同音異義語が連続する場合もありますから、漫然と「こうえん」で変換すると、違う候補で確定してしまうことがあります。

　私は次のように単語登録しています。

・「ごんえん→講演」（講をごんべんと連想）
・「はむえん→公演」（公をハムと連想）

・「そのえん→公園」(園をそのと読む)
・「のちえん→後援」「後をのちと読む)

　短く「ごえん」「はえん」「そえん」「のえん」で登録することも可能ですが、思い出しにくくなります。自分が思い出せる範囲で、一度で目当ての候補が出てくる単語登録を工夫します。

　ローマ字入力なら、平仮名未満、すなわち**ローマ字2字のうち最初の1字を活用する**という方法があります。例えば「ありた→ありがとうございました」と単語登録すると、地名や人名の「有田」とぶつかります。「た（ta）」の前半の「t」を使って「ありt→ありがとうございました」と単語登録すると、他に出てくる言葉がないので便利です。この場合は当然、「ありs→ありがとうございます」と単語登録します。

◆**変換のテクニック④　熟語1字消し**
　スピーディーな変換のためには、「熟語1字消し」のテクニックにも慣れてください。例えば「拡築」という言葉が変換されない場合は、「拡張」と入力してBackSpaceキーで「張」を消し、「築城」と入力してBackSpaceキーで「城」を消します。
　思い付いた単語で何でもいいのですが、「築」に「建築」を出さない理由は、**熟語の後ろの漢字を消す**方が、カーソル移動がなく1回のキー操作で消せるからです。

◆**正しい指づかいは絶対に必要か？**
　タイピングの正確さと速さをアップするには、指の正しいポジションを覚えて、キーボードを見ないでタイピングできるようになることです。しかし、自己流の指づかいは何が何でも直すべきというわけではありません。薬指と小指が動きにくくてそのためにスピードが落ちる場合、多少変則的な指づかいになるのはやむを得ません。入力練習は「できるだけ手元を見ずに、画面を見ながら入力できる」ことに重点を置いてください。
　タイピングが苦手な人は、タイピングと音声入力を併用するのも一案です。

音声入力について

　26ページに書いた通り、録音状態が良くない限り、**音声を自動認識させることは困難**です。ユーザーがヘッドホンマイクを使い、音声を聞きながら、聞き取った通りにマイクに向かって復唱することで認識させる方法が、最も有効です。**復唱で音声入力する方法はリスピークと呼ばれます。**

リスピークの手順

音声再生ソフト（Express Scribeなど）とWordの他に、音声認識ソフトを起動させておく。
①Express Scribeなどで音声を聞く
②その通りマイクに向かって話し、音声認識ソフトに認識させる
③認識結果をWord上に表示させる
④Word上の文字はキーボードを使って手動で直す

リスピークのコツ

・大声を出す必要はない。唇を上下左右に動かして、はっきり発音する
・感情を込めたり抑揚を付けたりせず、ナレーションする気持ちで淡々と発音する
・前後関係から文字が判断されるので、音1個や単語1個で発話するより、まとまったフレーズを発話する方が認識されやすい
・最初は求めている候補が表示されないこともある。2〜3回発話しても出てこなければ、タイピングして先へ進む。音声認識ソフトがユーザーの話し方の特徴を覚えるにつれて、認識率がアップしてゆく

音声認識のソフトウエアやクラウドサービスの情報

　よく使われている音声認識のソフトウエアとして、「AmiVoice SP2」「ドラゴンスピーチ 11」などがあります。

文字起こしの仕事には守秘義務が伴います。他の人がいる部屋でリスピークしてはいけません。また、窓を閉めるなどして情報漏れに注意します。
AmiVoice SP2（株式会社アドバンスト・メディア）　http://sp.advanced-media.co.jp/ダウンロード版とパッケージソフトがあります。ウェブサイトに体験版が用意されています。
ドラゴンスピーチ（ニュアンス社）http://japan.nuance.com/dragonspeech/パッケージソフト。

第6章
仕事の流れとネット検索ドリル

仕事の流れ／請求について／正しい聞き取りのために／ネット検索のスキル
ネット検索ドリル／録音から手掛ける場合

◆**仕事の流れ**

　この章では、文字起こしの仕事の流れと、それぞれの局面で必要なスキルを解説します。仕事の流れは、文字起こしの会社の**在宅スタッフに登録したという想定で説明します**。

STEP 1　**仕事の打診が来る**

　主にメールか電話。インターネットでアクセスできる受発注システムを使う会社もある。

　すぐ返信する　何日の納期でどんな内容なら、自分がどのぐらいの音声長さを起こせるかを普段から把握しておくことが大切です。本書が時間の計測を再三おすすめしているのも、スピーディーな返信に備えるためです。

　ビジネスメールに慣れておこう

　普段メッセージアプリ（LINEなど）を使っている人は、この機会にビジネスメールの書き方を覚えましょう。書き方が解説されたウェブサイトがいろいろあります。文面は、宛名→あいさつ→名乗り→本文→結びの言葉→署名という順に書きます。時候のあいさつや「敬具」などを書く必要はありません。タイトル（件名）を忘れずに入力します。

STEP 2　**音声（または動画）、仕様書、資料のダウンロード先が案内される**

　ファイルをダウンロードして確認し、ダウンロード完了を報告する　音声や動画はファイルサイズが大きいので、メールに添付して送られてくることはありません。その**会社専用の受発注システム**からダウンロードする場合と、一般的なネット上の**受け渡しサービス**（宅ふぁいる便など）や**ストレージサービス**

（Dropboxなど）が使われる場合があります。使ったことがない人は、今のうちにアップロードやダウンロードを試しておくといいでしょう。

　受け渡しサービスの試し方（宅ふぁいる便など）：自分のメールアドレス宛てにファイルを送る。通知メールが届いたら、ダウンロードして保存する。

　ストレージサービスの試し方（Dropboxなど）：会員登録して、ファイルをアップロードする。次に、そのファイルをダウンロードして保存する。

　ダウンロードしたファイルはすぐ確認します。**「音声は正常に再生できるか」「連絡された音声長さと合っているか」「資料や仕様書は問題なく開けるか」** などを確認し、疑問点があればメールなどで質問します。

※ストレージサービスでファイルが届いた場合、ダウンロードしなくても開くことができるファイルはダウンロードせず、そのままストレージサービス上で開いて閲覧することもできます。

STEP 3　起こしをスタートする

　粗起こし：文字起こしをする
　　↓
　聞き直し校正（一次校正）：音声を聞き直してチェックし、間違いを直す
　　↓
　読み直し校正（二次校正）：音声を聞かずに、起こした文字だけを読んでチェックし、誤字、句読点や段落替えの不自然な箇所、仕様に合っていない箇所などを直す

　スタート前と作業の最後には必ず仕様書を確認し、途中でも必要に応じて参照します。質問については、疑問点が出るたびに連絡せず、作業中の疑問点はまとめておきます。聞き直し校正の前のタイミングで質問し、回答を校正作業に反映させます。

パソコンが突然故障して、内部に保存されていたファイルを取り出せなくなることがあります。このような事態に備えて、作業途中のファイルは1日に数回、バックアップを取る必要があります。パソコン内に保存せず、最初からDropboxやOneDriveなどのストレージサービス上に保存するのも一案です。ストレージサービスに登録した際のIDやパスワードを覚えておけば、他のパソコンからもファイルにアクセスすることができるからです。

文字起こしのポイント

　文字起こしのポイントは、「正しい聞き取り」「仕様書通りの起こし方」「適切な表記」「行き届いた言葉調べ」「正確でスピーディーなタイピング」です。

　このうち、まだ取り上げていない「正しい聞き取り」「行き届いた言葉調べ」については、次ページから解説します。

STEP 4　仕上げて納品する

　納品するファイルの形式についても、もし指示があれば従います。

ファイル名→「音声ファイル名と同じファイル名を付ける」など

パスワード→指定があればそのパスワードをかける

※Wordに読み取りパスワードをかける方法：[名前を付けて保存]→[ツール]→[全般オプション]→[読み取りパスワード]に指定された文字列を入力、次のウィンドウで同じ文字列を入力

　指定の方法でファイルを納品します。その会社専用の受発注システムでアップロードする場合と、メール添付で送る場合があります。

STEP 5　修正指示または検収 OK の連絡が来る

　発注者から連絡があります。不備があって修正指示を受けたら、指示通りに修正して再度納品します。OKの連絡があったら、請求書を発行します。

◆**請求について**

　登録スタッフは個人事業者ですから、請求書を発行して、報酬を振り込んでもらうという形式になります。請求書は、指定のフォーマットが支給される場合と、任意のフォーマットを使ってよい場合があります。任意のフォーマットを使う場合は自分で作成するか、「請求書フォーマット」「請求書テンプレート」などでネット検索して、使いやすいフォーマットを見つけます。

　当月分の請求をまとめて1枚に記載して送るという方法が一般的です。

請求に関して、新しい仕事先で最初に確認しておく項目の例

　・支払いサイト（何日締めの何日払いか）

　・請求書の提出方法（郵送、PDFファイルをメール添付、など）

　・消費税は外税か内税か

・所得税は源泉徴収（天引き）されるか
・銀行口座の振込手数料は先方負担か、振込金額から差し引かれるか

◆振込手数料、源泉所得税、必要経費

　所得税が源泉徴収される場合、収入が少ないうちは、確定申告すれば天引きされた所得税は戻ってきます。国税庁のタックスアンサーというウェブサイトに、確定申告の方法や経費の計算などが分かりやすく解説されています。

　振込手数料が差し引かれて振り込まれている場合は、振込手数料相当の金額は自分の必要経費として計上（記帳）します。もともと、日本の商習慣では、お金をもらう側が月末に集金に出向くことになっていました。売掛金の回収、昔で言う「掛け取り」ですが、現在では出向かなくても入金してもらえます。出向く手間と交通費のことを考えれば、振込手数料はそう負担ではないと思います。振込手数料が先方持ちの会社もあります。

　どんなものが必要経費として計上できるかは、タックスアンサーの他、自営業向けの経理本などで調べてください。自分の経理に役立ち、会計分野の知識も広がりますから、一石二鳥です。

◆正しい聞き取りのために

　文字起こしの仕事で**最も重要なのは、正しい聞き取り**です。

元の発言

> 研究の**開花**時代、花の開く時代になったのです。

✕ 誤った聞き取り

> 研究の**買い替え**時代、花の開く時代になったのです。

　「買いかえの**"かえ"は"替え"で正しいか調べよう**」などと正確な表記を心掛けても、本当は「開花」なのですから無駄な努力です。

　「開花時代」の直後に「花の開く時代」という言葉が出てきます。「○○時代」などの連続は、同じ内容を言い換えていることがよくあります。「買い

替え」ではなく、「花が開くの同義語……開花?」と気付くことが大切です。

聞き取れない（あるいは聞き間違える）原因は、大別して4つあります。

①**話者のせい**：声が小さい、語尾が消える、言い間違いや言いよどみが多い、マイクの使い方が下手、極端な早口、強い方言やなまり、複数の話者の声がかぶる、など

②**録音場所または録音設定のせい**：録音場所が全体にうるさい（飲食店での録音など）、録音機材の近くの音がうるさい（資料をめくる音など）、録音場所の残響（エコー）が強い、広い場所なのにマイクが使用されていない、話者から遠い位置で録音されている、録音レベルが低い、など

③**自分の機材や環境のせい**：ヘッドホンの断線気味や接触不良など

④**自分のせい**：前後の言葉とつながって聞こえた、漢字の読みを間違えて覚えていた、その言葉を知らなかった（語彙不足）、そこでそんな言葉が出ると思わなかった（話の流れの理解不足）、調査不足（資料の読み込み不足、ネット検索の不徹底）、自分が疲れている（集中力の欠如）、など

◆「エーコーコの手術」は存在しない

これらのうち、最も解決がたやすいのは③です。ヘッドホンのコードを椅子の足で踏んでしまうと故障の原因になりますから、普段から気を付けてください。

①話者のせいと④自分のせいはつながっています。例えば言い間違いや言いよどみが話し方は、自分に十分な知識がないと、前後の言葉とつながって誤解してしまうことがあるのです。

OnePoint　私は「エーコーコの手術」または「エココの手術」と聞こえる言葉を必死にネット検索して調べたことがありますが、そんな医学用語は存在しませんでした。実は話者が「えー、こ、この手術は」と言っていたのでした。

①話者のせいは、文字起こしをする側にはどうすることもできません。②録音場所または録音設定のせいも、録音から手掛ける仕事以外は、騒音の低減機能（128ページ）や音声編集ソフト（40ページ）で少し調整できる程度です。①と②の両方が全く問題ない音声はほとんど存在しません。それをできるだけ補って聞き取らなければならないのです。④自分のせいは、自力でどうにかなる部分ですので、普段からできるだけ努力することが大切です。

◆「知らない言葉は聞き取れない」

④自分のせいの内容をよく見ると、耳鼻科で計測する「聴力」とは関係ない事情がほとんどです。「聴力」は日常会話ができる程度あれば十分で、むしろ**言葉に対する知識や理解が聞き取り力を左右する**のです。

「知らない言葉は聞き取れない」とは、文字起こしの世界ではよく知られた格言です。

例えば病気について「急性期」と「慢性期」という言葉を知っていれば、「**急性期**の医療機関」とは救急病院などのことと察しがつきます。知らないと「**9世紀**の医療機関」と起こしそうになります。しかし、知らない言葉でも「9世紀といえば日本では平安時代。音声の内容には関係なさそうなのに？」と気付いて疑うことが大切です。

◆日本語変換システムに助けてもらう

「きゅうせいき」と入力すると「急性期」「旧世紀」などが変換候補として出てきます。「慢性期や維持期という言葉も音声に出てきていたから、じゃあ急性期かな」と察します。日本語変換システムは幅広い変換候補を出してきますから、その変換候補を判断のヒントにすることができます。

◆ネット検索のスキル

察したら、**文脈に合っているかをインターネット検索（ネット検索）して確認**します。

ネット検索にはさまざまなテクニックがあります。ここでは代表的なものを紹介します。1）から 5）までは、**実際にネット検索して試してください**。

1）前後の言葉と一緒に検索する
急性期の医療機関と検索

「急性期」という1ワードで検索せず、一緒に出てくる言葉を付ける。
　その言葉が存在するかだけではなく、医療機関という文脈に合っているかを確認することができる。

2）完全一致が必要なら " " ではさむ
"急性期の医療機関"と検索

「急性期の医療機関」で検索すると、「急性期」と「医療機関」が離れた位置に出てくる文章もヒットしてしまう。「急性期の医療機関」という言い回しが存在するかを調べたいなら、半角のダブルクオーテーションマークを前後に入力する。"急性期の医療機関"は、本書執筆時点では約20万件ヒットし、よく使われる言い回しであることが分かる。

3）「とは」や「意味」での検索
急性期とは　または　**急性期　意味**と検索

　言葉の意味を知りたいときは、後ろに「とは」を付ける。もしくは「意味」を付けて2語検索（複数ワードで検索）する。複数のワードで検索するときは、ワードとワードの間に全角か半角のスペース記号を入力する。

4）平仮名で検索する
きゅうせいきと検索

「きゅうせいき」は文脈に合った漢字で変換されるが、これかな？と思える変換候補がない言葉の場合は、聞こえた通りに平仮名で検索する。
　「きゅうせいき」と検索すると、「次の検索結果を表示しています：急性期」と表示され、急性期に関するページがヒットする。

5）「英語」での検索
急性期　英語と検索

「いわゆる○○、急性期のことですけど」という発言で、○○に英語が入ると思われる場合は、「英語」も入れて検索すると、「acute phase」などの

訳語が表示される。

6）企業名は「企業概要」で確認する

　急性期の話題とは離れますが……。音声に企業名が出てきた場合は、当該企業のウェブサイトで正しい表記を確認します。当該企業のウェブサイトでも、ページによって若干異なる表記が使われていることがあります。必ず「企業概要」「会社概要」といったページの「会社名」「社名」「商号」といった欄で確認します。そこに記載されているのが正式な表記です。

OnePoint　正式な表記とは、「株式会社」という文字を付けるという意味ではありません。『記者ハンドブック』の「紛らわしい会社名」という欄を見てください。「実はこういう表記だったのか……」と驚く会社名があるかもしれません。

7）地名は地図を見る

　地名が出てきたら、ネット上の地図で確認します。私は、「〇〇の北側は水田ですが」と起こして、念のため〇〇という地名を地図で確認したら岬の先端だったことがあります。水田が存在する地形ではなく、「北側は水面」の聞き間違いだったことに気付きました。

8）期間を指定して検索する

　Googleには、期間を指定して検索できる機能があります。「法律が先月改正された」などの発言が音声に出てきた場合は、法律の新しい条文を参照する必要があります。調べる際に、Googleで[ツール]をクリック→「期間指定なし」という文字の上をクリックして「1か月以内」を選ぶと、1カ月以内に書かれた情報がヒットします。

※ツールの設定方法も変わることがありますので、該当する機能を探して使ってください。

◆電話で質問してはいけない

　「こんなまどろっこしい探し方をする必要があるのか。関係先に電話して質問すればスピーディーでは？」と思われるかもしれません。しかし、電話は良くない調べ方です。口頭では、「漢字は、調査期間の期間ですね」「そうです、調査機関の機関です」などと、思い込みによる誤解が発生し得るから

です。また、尋ね方によっては守秘義務に抵触する恐れもあります（守秘義務については138ページで説明します）。言葉の確認は基本的にネット検索で行います。

◆録音から手掛ける場合

　92ページ以降の「仕事の流れ」は、在宅スタッフとして登録した場合の流れを説明しました。この場合は、音声や動画をインターネット経由で受け取って、自宅で起こし、インターネット経由で納品します。

　これに対して、直請けでは「録音から（もしくは記録から）」依頼されることもあります。会場へ出向く場合の注意点を記します。

　依頼があったら確認すること：
　録音するのか、記録（話者メモの作成など）のみか

　録音する場合、事前に確認すること：日時、会場、ライン録りの音をもらえるか、話者情報（フルネームや所属先など）、1名のトークでない場合は座席図。プレゼン資料が事前にもらえるならそれにも目を通しておく

　録音からという依頼でも、実は会場に音響スタッフがおり、依頼すれば音響機器からボイスレコーダー（ICレコーダー）に、ケーブル（ラインとも呼ばれる）でつないで録音してくれることがあります。「ライン録りの音はもらえますか」という言い方で、たいてい通じます。雑音が入らないのでクリアな音質です。

◆レコーダーのセッティング

　当日は、電車の遅れや自動車の場合は道路渋滞を想定して、できるだけ早く出ます。会場へは最低30分前に入って、発注者にあいさつし、準備作業を行います。

　ライン録りの音をもらえない場合、エコーを低減するために、できるだけ話者の近くにレコーダーを置くことが大切です。講演では演台にレコーダーを置きます。講演者にピンマイクを装着してもらうと、さらにクリアな音質

で録音できます。

　会議や座談会など話者が複数の場合は、人数と座席図を必ず事前に把握します。小さいテーブルを囲んで4人程度なら、レコーダーを1台持参すれば全員の声が拾えます。一方、たった2人でもロの字型のテーブル配置で向かい合うと、話者の距離は何メートルも離れますから、それぞれの前にレコーダーを置く必要があります。

　専門的に録音を請け負うなら、ミキサーと複数台のマイクを持ち込んでセッティングします。そこまでやらない場合は、レコーダーを何台か持参して、音を拾う距離を考えて卓上に置きます。

◆記録者席で話者メモを取る

　自分の記録者席の位置も、事前に打ち合わせをしておきます。記録者席はできるだけ話者全員の顔が見える位置に設置してもらい、自分の手元にも予備のレコーダーを置いて録音します。

　録音スタートしたら、記録者席に座って話者メモを取ります。話者名と、発言冒頭の一言を書きます（5-7washa-memoに出てきましたね）。この話者メモを作成することで、現場に行かない人でも話者名を特定できるようになります。

OnePoint　人の耳とレコーダーは特性が異なります。人の耳は、自分が聞きたい声や音にフォーカスして聞くことができます。これに対して、レコーダーは単純に、近くの音がより大きく録音されます。例えば録音機材のそばで話者メモを作成すると、ボールペンで書くガリガリという音が、発言より大きく録音されてしまうことがあります。筆記具を工夫するなどして注意しましょう。

　文字起こしは自宅でできる仕事です。しかし、もし機会があれば会議などの現場に立ち会いましょう。知らない人の声を起こすのは難しいものですが、現場に行けば、話者の顔や雰囲気も知ることができるからです。ナマで聞いた音声は、文字起こしが非常にはかどります。

●●● コーヒーブレーク ●●●

　第5章で、正確＆スピーディーに入力するための小ワザを紹介しました。

　　Wordの文章校正機能
　　ATOK＋「共同通信社 記者ハンドブック辞書 for ATOK」
　　MS IMEの予測入力（ATOKやGoogle日本語入力にも同様の機能あり）
　　手書きで漢字を出す
　　単語登録
　　熟語1字消し

　これらの他に、Wordの検索や置換も有効です。特に置換は、「表記を間違えたとき、最後に一気に変更する」といった用途にも使えますが……。

　「こと件」と入力されている原稿を見たことがあります。

　「そういう事」「という事」などとうっかり漢字で入力して、「しまった、抽象名詞として使われる場合、ことは平仮名だった」と後で気付いた。だから「事→こと」に「すべて置換」を行った。という事情なのでしょう。

　そのせいで「事件」が「こと件」になってしまったのです。

　「すべて置換」を選ばず、「次を検索」をクリック→置換する言葉は「置換」、置換してはいけない言葉はスルーして「次を検索」。置換は必ずこの手順で行いましょう。

文字起こしドリル

- ■第7章　講演を起こす
- ■第8章　インタビューを起こす
- ■第9章　会議を起こす
- ■第10章　動画、聞き取り困難な音声　長い音声

第7章
講演を起こす

単独のトークの種類と特徴／講演起こしドリル
特記事項の連絡方法

◆**単独のトークはいろいろある**

この章では、講演の音声を起こします。

講演は基本的に1名のトークですから、**話者を聞き分ける必要がなく起こしやすい**音声です。実際の音声では、「司会者が講演者を紹介→講演本体→来場者と講演者の質疑応答」という流れが一般的ですが、平均すれば音声長さの8〜9割程度が講演本体、すなわち単独のトークです。

大勢の来場者に向かって話すので、講演者は話し方や話題の選び方に気を付けます。そのため、講演の音声には、極端に聞き取りにくい話し方や全く理解できない話題が出てくることは少ないのです。

単独（話者1名）のトークは、講演以外に学会の発表、大学などの講義、イベントでのあいさつやスピーチなどもあります。学会発表は専門的で難解な内容もあります。発表に使われた資料や事前配布の資料があれば送ってもらい、参照しながら起こします。

◆**「シンポジウム」とはイベント全体を指す名称**

「シンポジウム」や「フォーラム」は、イベント全体を指す名称です。「主催者あいさつ」「基調講演」「パネルディスカッション」など複数のプログラムから成り立っています。これらのプログラムのうち、**あいさつや講演は単独のトーク形式、パネルディスカッションは複数の人が話し合うトーク形式**です。

> *OnePoint*　「挨」も「拶」も2014年に常用漢字表に入りましたが、新聞表記は「あいさつ」となっています（本書執筆時点）。ただし、イベントのプログラムに「主催者挨拶」などと漢字で記載されている場合は漢字にします。

さっそく音声7-1を起こしてみましょう。講演の一部です。

音声〈ダウンロード教材〉**7-1.mp3** 6分11秒

【起こし方の仕様】

話の内容と話者の情報：人事部門向け研修会における講演の一部
　話者はコンサルタント。話者名は立てない

資料：なし

本文の入力方法：
　・段落の冒頭は全角スペース記号1個を入力
　・適宜段落替えする

数字の表記：
　・漢数字で表記する慣用が強い語は漢数字
　・それ以外は半角のアラビア数字

英字の表記：全て半角

句読点や記号：？　！　（笑）　……　──　使用不可

不明処理など：
　・聞き取れない部分→文字数にかかわらず●（黒丸記号）1個を入力
　・確定できない部分→文字列の両端に〓（下駄記号）を入力
　不明処理をした箇所の後ろに、タイムを（00:00:00）の形式で付記

修正処理など：
　・不要語の処理→行う
　・変化した音の修正→い抜き言葉の修正など、ある程度行う
　　※「〜んです」は「のです」に直さなくてよい
　・センテンスやフレーズを整える処理（整文）
　　→倒置の修正などを最低限行う

・留意点・

特別な指定が記載されていない限り句読点やかっこ類、？や！などは、<u>全角</u>で入力します。
8-1以降の仕様も同様です。
ただし半角英数字の間では半角に。
例) 小数点「42.195キロ」
　タイムの記載（01:52:33）かっこは全角、タイム内のコロン「:」半角

起こし例と解説〈ダウンロード教材〉**7-1.pdf**

7-1　チェックポイント　1つ5点、100点満点

①　この国際会計基準では、		⑪IFRSへの対応	
②引当金という形		⑫　労基法改正	
③なっています		⑬残業代割増率	
④負債は		⑭効率化を実現するためには、	
⑤保険		⑮属人化	
⑥引当金の額は、大まかに言って		⑯権限委譲	
⑦有給休暇の消化率		⑰誰かが代われるように	
⑧重く		⑱ぜひ	
⑨1週間		⑲他社	
⑩残りゼロ		⑳制度を社内で作れば	

※採点は、7-1.pdfに記載された注釈を参照して行ってください。
（以下同様に、起こし例のPDFファイルに記載された注釈を参照してください）

　　　　　　　　1回目　　　　　　2回目　　　　　　3回目
かかった時間　_____分　　　_____分　　　_____分

かかった時間とは、タイピングに要した時間のみではありません。
タイピングした時間＋表記などを調べた時間＋校正した時間の全体です。

目標タイム：①〜⑳の全問正解、それ以外にも誤字や聞き落としがない仕上がりで音声長さの6倍程度

第10章まで、仕様書通りに音声を起こすという実習が続きます。仕様書の書き方はあえてばらばらにしています。「この記載は何をどう処理したらいいんだろう」と考えながら取り組んでください。実務においても、仕様書の書き方はさまざまです。「ケバを取ってちょっと整える」のみのアバウトな（？）指示をする発注者もありますし、数十ページに及ぶ仕様書を最初に渡して個々の仕事にはさほど指示をしない発注者もあります。

◆音声の内容を理解しよう

　人事部門向け研修会の講演の一部です。有給休暇と企業の会計制度の関連が話題になっています。知らない言葉はネット検索などをして、内容や話の背景を理解してください。音声には「引当金」「財務諸表」といった会計用語や、「労働契約法」「労働基準法」などの法律用語が出てきます。

　日本の会計制度で決算を発表する企業が多数派ですが、国際的な会計制度を導入する会社もあります。このようなことも話の背景になっています。

◆略称の使い方や実際の読み方に注意

　音声に出てくる**IFRS**は、International Financial Reporting Standardsの**略称です**。各語の1字目をつなげた言葉なので、**頭字語**とも呼ばれます。

　『記者ハンドブック』には、略称は初出から単独では出さないという注意が記載されています。しかし、これは記者が記事を執筆する際の注意です。文字起こしにおいては、略称は略称のまま入力します。「このInternational Financial Reporting Standardsは」や「この国際財務報告基準は」などと書き変える必要はありません。

　PTA、WHOなどの頭字語は一般的に大文字で書きますが、「IoT」などいくつか例外があります。IoTはInternet of Things、物のインターネットという意味で、ofは前置詞なので一般的には小文字で記載されます。

　音声の中で、**IFRS**は「アイエフアールエス」と発音されていました。軽く早く発音されて「アイフアーレス」に近く聞こえる箇所もありましたね。他に「アイファース」「イファース」と読まれることもあります。文字を目で見るだけではなく、実際にはどんな読み方なのかということにも日ごろから注意を向ける習慣を付けると、言葉の聞き取りに役立ちます。

◆表記は先方の希望も確認しよう

　有給休暇を「ゆうきゅう」と略すとき、漢字は「有給」「有休」の2通りが考えられます。前半の2字を略称として使うか、2字の熟語それぞれの頭の字を略称として使うかの違いであり、起こし例ではどちらも正しいとしています。

ただし、次のような場合は、特定の表記を使います。

①講演の演題名でどちらかが記載されている
②音声の中で話者が「この漢字が正しい」と主張している
③発注者から「この表記で統一するように」と指示がある

①では主催者が、②では講演者が、③では発注者が、特定の表記を推しています。明らかな誤りでない限り、相手の意図に従って表記します。

◆**時事問題のずれや解釈の個人差に反論してはダメ**

IFRSと有給休暇との関連については、言葉通り「IFRS　有給休暇」とネット検索すると、解説する情報が表示されます。

会計制度や休暇の制度はしばしば変更されます。また、制度の解釈が人によって異なったり、話者が分かりやすさを狙って大げさに言っている部分があったりするかもしれません。音声通りに起こせばOKです。納品時に反論を書いて連絡したりしてはいけません。

◆**単なる誤りは直す**

これに対して、**単なる誤り**は直して起こします。覚え間違い、言い間違い、計算違いなどです。

①申し込みの**ユウム**を連絡→申し込みの**有無**を連絡

「有無」の読み方を間違えている。前後関係から確実に判断できれば正しい言葉を当てはめる。

②この**四角い四角**が目印です→この**白い四角**が目印です

資料を見て話している場合、資料から判断できれば正しい言葉を当てはめる。

③5万近くに対して250ですから、**5％**ぐらいですかね

　→5万近くに対して250ですから、**0.5％**ぐらいですかね

話しながら概算しているので、うっかり1桁ずれている。5％であることを前提にその後の話が進んでいれば**＝5％＝**と記載して進むしかないが、その後の話題に影響していなければ0.5％と直して構わない。

※言い誤りまで忠実に再現する仕様もあります。
※明らかな誤りの処理でも、納品時に連絡するように指示する会社もあります。

◆特記事項の連絡方法

7-1では、「ぞくにんか」という発言がありました。これは明らかに「ぞくじんか」→「属人化」の意味です。

明らかな誤りは特に連絡せず直していいという仕様の場合は、属人化と起こします。

特記事項は連絡するようにと指示されている場合は、確定できない箇所の仕様（7-1においては=ではさむ）で、=属人化=と入力し、納品時に次のよう連絡します。

特記事項の連絡の例

> 2ページ 下から2行目　=属人化=されている
> 話者は「ぞくにんか」と発話されていますが、属人化のことかと思います。念のため=で挟みました。

特記事項の連絡は、一般には納品時のメールに記載します。

◆タイピングの省力化を

この音声には、有給休暇という言葉が22回も出てきます。入力しているうち、予測変換機能が働くようになります。下の例では、「ゆうk」まで入力したところで「有給休暇」が候補として表示されています。Tabキーで選択し、Enterキーで確定します。繰り返し入力すると、「ゆ」だけでも「有給休暇」が出て、タイピングがさらにスピーディーになります。

OnePoint

> 本書では、同じ音声を何度も起こすことをおすすめしています。同じ言葉を入力すると予測変換機能が働いて入力途中で言葉が表示されますが、そのおかげでタイムが短縮されるのはズルだと思われるかもしれません。
> しかし、「自分がよく入力する言葉が、他の言葉に優先して表示される」ことは非常に大事です。入力が速くなるだけでなく、必要な言葉が一度で表示されれば誤変換も減らせるからです。

第8章
インタビューを起こす

インタビュー系の種類と特徴／インタビュー起こしドリル
インタビュー音声への対処方法／「非常に強い整文」／要約や議事要旨

◆**インタビューは聞き手と話し手の立場が分かれている**

　この章では、インタビューの音声を起こします。

　面接や面談も英語ではインタビューと呼ばれますが、文字起こしの対象となるのは、主に記事執筆や番組制作のために話を聞く、いわゆる「インタビュー取材」の音声です。

　インタビューにおいて、**聞き手はインタビュアー**、**話し手はインタビュイー**とも呼ばれます。双方が1対1のこともあれば、どちらかが複数または双方が複数の場合もあります。

　インタビューと似たような形式として、ヒアリング（聞き取り調査）があります。
ここでは「外国語の聞き取り」や「公聴会」ではなく、「ある事柄を調査するために話を聞く」という内容の音声です。「役所が、企業の先進的な取り組みについて話を聞く」「不祥事（使い込みなど）が起きた企業で、担当者が当事者に状況を聞く」……などが、ヒアリングの例です。

◆**インタビュー音声の特徴**

　インタビューは最低でも聞き手1名と話し手1名がいる音声ですから、講演など単独の話者の音声とは違う特徴があります。

　①話者同士の声が重なる（かぶる）
　②相づちが頻繁に入る
　③話者の聞き分けが難しい
　④聞き手さえ理解できればよいという話し方になりがち
　⑤録音状態が悪いことがある

　この章では、①〜⑤への対処方法について考えます。まずは音声8-1を起こしてください。インタビューの一部です。

音声 〈ダウンロード教材〉**8-1.mp3** 7分49秒

【起こし方の仕様】

話の内容と話者の情報：取材（文字起こし教材用）の一部
　話者はインタビュイー →廿、インタビュアー →大久保
資料：なし
本文の入力方法：
　・話者名、全角スペース1個の後に発言を入力する
　例）　　大久保　その後はどうしたんですか。

　　　　　　廿　実際の現場へ行ってみました。
　・1人の発言が長い箇所は適宜段落替えをし、新段落の冒頭は全角スペース1個を入力
　・話者が切り替わるところで1行空け
数字の表記：
　・漢数字で表記する慣用が強い語は漢数字
　・それ以外は半角のアラビア数字
英字の表記：半角
句読点や記号：
　……　——　（笑）使用可　　　　？　！　使用不可
不明処理など：
　・聞き取れない部分→文字数にかかわらず●1個を入力
　・確定できない部分→文字列の両端に■を入力
　いずれもタイムの付記は不要
修正処理など：
　ケバを取る程度。単なる相づちも削除

 起こし例と解説 〈ダウンロード教材〉 **8-1.pdf**

8-1　チェックポイント　1つ5点、100点満点

①しまいます。中間製品と		⑪統合委員会	
②リライト		⑫議事要旨というふうに	
③テープ起こし		⑬Y委員	
④2人		⑭ですか、その地域の	
⑤うまい		⑮いうことを言ったっていう	
⑥最終製品		⑯考え直していただきたい	
⑦例えば合併の		⑰再エネ	
⑧何十年		⑱硬い	
⑨日本全国、出てきます		⑲座長さん	
⑩いわゆる俗に言う		⑳的を射た	

　　　　　　　　　1回目　　　　　　　2回目　　　　　　　3回目
かかった時間　_____分　_____分　_____分

かかった時間とは、タイピングに要した時間のみではありません。
タイピングした時間＋表記などを調べた時間＋校正した時間の全体です。

目標タイム：①〜⑳の全問正解、それ以外にも誤字や聞き落としがない仕上がりで音声長さの6倍程度

私が会社の同僚大久保を聞き手に、文字起こしの教材内容について話している音声です。「書籍の著者が、ライターと編集者を相手に書籍に書くべき内容を話しているインタビュー取材の音声」と似た形式です。ちなみに、この教材はだいぶ前に企画したものですが、まだ日の目を見ていません……。
い抜き言葉「やってる」やくだけた表現「しちゃう」は、この仕様では「やっている」「してしまう」に直さず、そのまま起こします。ここまで学習を進めた皆さんなら、もう理解できている話題ばかりが出ていましたから、●や＝はなかったと思います。

◆インタビュー音声の特徴への対処

110ページで、インタビュー音声の特徴として次の5つを挙げました。
①話者同士の声が重なる（かぶる）
②相づちが頻繁に入る
③話者の聞き分けが難しい
④聞き手さえ理解できればよいという話し方になりがち
⑤録音状態が悪いことがある

それぞれの対処方法を順に説明します。

◆「①話者同士の声が重なる（かぶる）」への対処

1人が話しているときに別の人が話すと、必然的に双方の声が重なる（かぶる）ことになります。両者の声がかぶった場合は、次のようにうまく処理します。

　・重要な方や、話が次へつながった方を生かして起こす
　・どちらが重要とも判断できなければ、話し手の方を生かす

重なりの状態を再現する必要は特にありません。
例えば8-1の音声冒頭は、「えー」などを削除すると次のような発言です。

✕ 不適切な起こし例 （話者間の1行空けは省略。以下同じ）

```
大久保　音声起こしさんが納品、
廿　　　したときに、
大久保　して、起こして納品して、それが、
廿　　　それが何、
大久保　どうなってゆくのか。
廿　　　何になっていくのかということですよね。
```

話者2名の声がかぶった状態のままでは、読んだ人が分かりません。双方の発言をある程度まとめて、順に文字化します。ここはインタビュアーの質問の方が重要と判断して、そちらを優先させます。

○適切な起こし例

> 大久保　音声起こしさんが起こして、納品して、それがどうなってゆくのか。
> 廿　何になっていくのかということですよね。

◆相手の話を遮(さえぎ)る場合の句読点

　前ページの「不適切な起こし例」では、声がかぶった箇所では「、」で次の発言に移っていますが、本当はこれは適切な句読点ではありません。

　速記表記では、「発言が途中で遮られた場合」は「……」を使い、「。、を打たない」と示されています。しかし、新聞表記にはこういう場合の句読点の使い方が示されていません。『記者ハンドブック』は書き言葉（文章語）の書き方が扱われており、発言が遮られるという事態は想定されていないためです。声がかぶった状態を再現する場合は、普通の発言と同様に「。」で止めるか、必要に応じて「……。」を使います。

◆「②相づちが頻繁に入る」への対処

　「単なる相づち」もケバです。ですから、ほとんどの仕様において、「単なる相づち」は完全に削除、または大幅に減らします。

　「何になっていくのか」の続きは、次のような発言です。

> 廿　まず、ほとんどの場合それは、まず仕事の半分ぐらいはすぐに解体されてしまいます。
> 大久保　ふーん。
> 廿　中間製品と申しますか。
> 大久保　ふーん。

　相づちが多いと話の内容が分断されてしまいます。これでは読んだとき理解できませんから、相づちを削除します。

○仕様に沿った正しい起こし例

> 廿　まず、ほとんどの場合それは、まず仕事の半分ぐらいはすぐに解体されてしまいます。中間製品と申しますか。

◆「単なる相づち」でなければ残す

　ケバとして削除していいのは、「単なる相づち」である場合のみです。相づちに見えても、**実質的な意味を持つ「返事」**であれば残さなければなりません。「はい」や「そうですね」は、単なる相づちなのか肯定の返事なのか、意味を見極めて判断します。

◆「③話者の聞き分けが難しい」への対処

　インタビューでは、最低でも聞き手1名と話し手1名が存在します。たった2名であっても、聞き手と話し手が同性・同年代の人だと、どちらが話しているのか判断に迷うことがあります。まして、双方が複数いると、話者を特定するのがさらに難しくなります。

　話者メモ（5-7で使いましたね）が資料として届けば問題ありませんが、ないときは、次のような対策を取ります（音声はありません。以下同じ）。

1）名乗っているなど、話者を特定できる部分のタイムをメモする

> どうも、村瀬と申します。今日はよろしくお願いします。

　この辺りのタイムを「村瀬　00:04:19」などとメモ。音声の他の部分で話者の特定に迷ったとき、この部分の音声と聴き比べる。

2）各話者について、声の特徴や話し方をできるだけ多くメモする

> 村瀬さん…関西風のイントネーション
> 三木さん…俳優の○○に似た声　40代ぐらい？
> 田中さん…いつも「えっと、そうですね」から話し出す

3）声が聞こえる位置を手掛かりにする

ステレオ録音された音声なら、ヘッドホンをして聞くと「右の手前」「左の手前」「右の少し奥」などと、声の聞こえる位置が違って聞こえることがあるので、その位置で特定する。

◆「④聞き手さえ理解できればよいという話し方になりがち」への対処

インタビューでは、聞き手さえ理解できればよいという話し方になりがちです。例えば次のような状態です。

> 話し手：だから、あの事件の。
> 聞き手：ああ。
> 話し手：それが困るんです。

講演などは大勢の聞き手に向けて話しますから、話題についての理解度はさまざまです。ですから、「事件」について話者は詳しく説明するはずです。これに対してインタビューでは、聞き手が理解すれば話が進んでしまうため、起こす人にとっては何の事件なのか、どのように困るのかが分かりません。

いわば**聞き取りのヒントがない**状態ですから、聞き取りが難しく、自分が聞き誤りをしたときに気付きにくくなります。インタビューでは、自分が思い込みで聞き誤りをしていないか、1名のトークを起こすときよりも注意が必要です。確定できない場合は■などで処理します。

◆「⑤録音状態が悪いことがある」への対処

録音音声の音質は、マイクと発言者の口元が近いほど明瞭になります。インタビューでは、複数の人の中間にレコーダーが置かれることがありますから、「どの人の声もやや聞き取りにくい」ということになりがちです。

また、講演は一般的に会議室やホールが使われるのに対して、インタビューは飲食店などさまざまな場所で行われます。飲食店では音楽がかかっていたり、お客が多くてがやがやしていたりします。

根気よく聞き取り、どうしても聞き取れない箇所は●などで不明処理を行います。ノイズの低減方法については、この後128ページで紹介します。

次は、「非常に強い整文」です。8-1と同じ取材音声の別の箇所を、そのまま読み物として使えるぐらい（実際にはその一歩手前にとどめますが）、しっかりと言葉を直します。

やってみよう！

音声〈ダウンロード教材〉**8-2.mp3**　7分54秒

【仕様】
・話の内容と話者の情報は8-1と同じ
・大久保の発言を消し、廿が単独で語る形式に直す（話者名は立てない）
・英数半角、不明処理は8-1と同じ

・留意点・
「英数半角」→英字とアラビア数字は半角という意味

・非常に強く整文する　言葉を置き換えてよい
・分かりにくい表現は、言葉を補って分かりやすくする
・別の話題を入れるなどは行わない
・文字起こしの教材制作用なので、廿の大久保に対する発言（指示や個人的な感想など）は削除
・大げさに言い過ぎているところは発言のトーンを落とすか削除する
　「すごく重要です」→「重要です」
・特記事項は連絡メモを書く

通常の起こし例（8-2 音声冒頭部分）
　単純労働は本当に日本になくなってしまったので、今の日本で残っている仕事は知識労働と感情労働です。

非常に強い整文の例（8-2 音声冒頭部分）
　現在の日本では単純労働がなくなり、知識労働と感情労働が残っています。

このぐらい強く書き直して、しかし話の要素は減らさずに盛り込みます。

起こし例と解説〈ダウンロード教材〉**8-2.pdf**

8-2　チェックポイント　1つ10点、100点満点

(1) 大久保の発言は入れなかった	
(2) 単純労働、感情労働、知識労働に「」を使わなかった	
(3) 「その場所にいないとできない」の事実誤認に気付いた	
(4) 「ネット上のクラウドシステム」から「ネット上の」を消した	
(5) 「仕組みを作れば作るほど」の後ろに何かを補った	
(6) 「東南アジアの国」と「インド」の矛盾に気付き、何らかの修正をした、もしくは特記事項の連絡メモを書いた	
(7) 「打って打って打ちまくる」を「打ちまくる」などに直した	
(8) 「AIが、人工知能が」を直した	
(9) 「常体」が何を指すか理解できた	
(10) 「さっきの話へつなげる」という発言は削除した	

　「非常に強い整文」は解釈や書き方の個人差が許容されます。そのため、他とはチェックポイントの形式を変更しました。チェックポイントのうち(1)と(10)は仕様に記載された事項ですから、従います。(2)〜(9)は起こし例に(2)などの記号を入れていませんが、該当する箇所の注釈を参照してください。

(3)を連絡する場合のメモ例

1ページ4行目　感情労働はその場所にいないとできないと発言されています。しかし、感情労働の例として直後に「電話をかけたり受けたりする仕事」が挙げられており、離れた場所でできる職種もあるようです。発言のまま文字化しました。

◆要約や議事要旨について

　本書では、主にケバ取りや整文の起こし方を取り上げています。しかし、8-1や8-2の音声の中で説明している通り、要約や議事要旨として仕上げるという仕事にもニーズがあります。

　要約や議事要旨は元の発言より短くします。要約や議事要旨では、「2時間の音声内容をA4判で5ページ程度」などという指定もあります。ちなみに、

音声1時間分を起こすと平均して1万8000字程度、Wordファイル15〜20ページ程度になります。音声2時間となればこの倍ですから、それを5ページにまとめるというのはかなりの圧縮です。

　かといって、会議の決定事項のみを書くのでは5ページは埋められませんし、発言を全部起こしてから5ページに要約するというのも手間がかかります。音声を途中で止めずに流しながら要点をメモし、そのメモを手直しして仕上げるのが、最も合理的な手順です。

◆ 8-2 は記事の下ごしらえ

　それに対して8-2は、短くすることは求められていません。本書52ページには「軽い整文」「強い整文」という漠然とした表現を記載していますが、8-2は「強い整文」よりもさらに強く手を入れる仕様です。**言葉を補ったり表現を変えたりします。**記事として完成する手前の段階です。

　要約や議事要旨が行政系で多いのに対し、この**「非常に強い整文」はマスコミ系、すなわちライターや編集者から要望されることが多い**のが特徴です。執筆の手間を減らしたいという意図からの要望です。

◆ 話題の背景まで理解しよう

　先方からの要望は、例えば次のように表現されます。
　①同じようなことを何度も言っていたら整理してまとめてほしい
　②言葉足らずな表現は補ってほしい
　③話がうまく流れるよう話題の順序入れ替えまで頼みたい
　④話題が変わるときに簡単な小見出しを入れてもらいたい
　（③と④は、8-2では行いませんでした）

　8-1の音声で「自分の知らない話題は、要約しても的確な原稿に仕上がらない」ことを説明しています。8-2の起こし方「非常に強い整文」もそれと同様です。文字起こしの話題ですが、感情労働の定義なども出てきました。このような案件では、話題の背景まで調べて理解しながら進める必要があります。

第9章
会議を起こす

会議の種類と特徴、用語／会議起こしドリル
やじ、笑い声、拍手の処理方法

◆**会議の特徴は「お互いに話し合う」**

　会議系の音声は複数の参加者がお互いに話し合う内容で、ディスカッションとも呼ばれます。バラエティーに富んださまざまな会議があります。
　　・気さくで小さい会議：カフェでの2、3名の打ち合わせなど
　　・規模が大きく公的な会議：政府主催の国際会議など
　シンポジウムのパネルディスカッションも会議の一種です。

◆**会議の形式や用語**

　会議特有の形式や用語をいくつかご紹介します。
審議会　役所が、専門家（有識者、学識経験者）を招き、特定のテーマについて審議・答申してもらう。最終答申の前に「素案」「骨子案」や「中間答申」を発表し、一般から意見（パブリックコメント、略称パブコメ）を募ることがある。役所の担当者は事務局として出席し、資料の説明などを行う。
パネルディスカッション　公開の会場で、数名が討論する。会場の参加者と質疑応答が行われることもある。進行役はファシリテーターやモデレーター、討論者はパネリストやパネラーと呼ばれる。
国際会議　通訳が行われる場合、その方式には逐次通訳と同時通訳がある。同時通訳では同時通訳レシーバー（略称、同通レシーバー）が使われる。
議決を伴う会議　株主総会など。文字起こしにおいては、多数決なら賛成者数・反対者数の数字を正確に聞き取り、間違えず入力する。拍手で可決の場合は、拍手が聞こえたら、拍手があった事実を指定された形式で記載する。

　他にも社内会議などさまざまな会議があります。

　ここで音声9-1を起こしてみましょう。役所系の会議の一部です。

音声 〈ダウンロード教材〉 **9-1.mp3**　12分34秒

【起こし方の仕様】

話の内容と話者の情報：市立芸術館の指定管理者選定に向けた会議の一部
　話者は、選定委員2名と指定管理者候補の企業社員1名

資料：なし

本文の入力方法：
- 話者名は（委員1）（委員2）（担当者）とする
- 話者名の後ろにスペース記号を入れず発言を入力する
- 1人の発言が長い箇所は適宜段落替えをし、新段落の冒頭は全角スペース記号1個を入力する
- 話者が切り替わるところで空白行を1行入れる

数字の表記：
- 漢数字で表記する慣用が強い語は漢数字
- それ以外はアラビア数字（1桁全角、2桁以上半角）
- 位取りのコンマを入れ、万以上で単位語（単位字）を入れる

英字の表記：全て半角

句読点や記号：　　？　！　（笑）　……　──　使用不可

不明処理など：
- 聞き取れない部分→文字数にかかわらず●（黒丸記号）1個を入力
- 確定できない部分→文字列の両端に〓（下駄記号）を入力

　不明処理をした箇所の後ろに、タイムを（00:00:00）の形式で付記する

修正処理など：
- ケバを取り整文する

　※「違うんです」などは「違うのです」または「違います」に修正

起こし例と解説 〈ダウンロード教材〉 **9-1.pdf**

9-1　チェックポイント　1つ5点、200点満点

①お話		㉑いろいろなものがあります	
②アウトリーチ		㉒正面にございます大きな照明	
③（担当者）これは		㉓エネルギーコスト	
④芸術館という建物		㉔節倹	
⑤コミュニケーション		㉕収支の予算書	
⑥好循環		㉖収入を上げて営業系	
⑦これからもつくって		㉗指定管理者の管理料	
⑧プロポーザル		㉘初期投資を始めた	
⑨増収を図っていく		㉙チラシとかパンフ	
⑩主催公演		㉚経費の縮減	
⑪お引き換えいただける		㉛貸館	
⑫実券		㉜1,000万	
⑬お互い話をしながら 　相互に話をしながら		㉝売り上げ	
⑭14年余り経過して		㉞挟み込み	
⑮予防保全		㉟やってこられております	
⑯見られない		㊱PFI事業	
⑰多方面		㊲1割から2割　または 　1割～2割	
⑱始めたばかり		㊳収入を上げていかなくては	
⑲先生、いかがですか。		㊴姿勢で臨んで	
⑳相反する		㊵ノウハウ	

　　　　　　　　1回目　　　　　　　2回目　　　　　　　3回目
かかった時間　_____分　　　_____分　　　_____分

かかった時間とは、タイピングに要した時間のみではありません。
タイピングした時間＋表記などを調べた時間＋校正した時間の全体です。

目標タイム：①〜㊵の全問正解、それ以外にも誤字や聞き落としがない仕上がりで音声長さの6倍程度

◆プレゼン→質疑応答という会議形式

9-1の音声は、次のような形式の会議をイメージしています。
①市役所の職員が司会進行を務める（音声には出てこない）
②指定管理に応募した企業の担当者が入室し、企画をプレゼンテーション（プレゼン）する
③市が依頼した選定委員が企画に対して質問し、企業の担当者が回答する
④企業の担当者が退室し、選定委員同士がプレゼンの印象や問題点をディスカッションする
　立候補した企業全部に対してこの手順が繰り返される
⑤最後に選定委員と市の職員がディスカッションして、来年度の発注企業を決定する

9-1の音声は、「今年度の指定管理を受注中で、来年度にも立候補している企業」と選定委員の質疑応答部分です。

社内会議などでも、プレゼン→質疑応答という形式になることはよくあります（新製品の企画会議、部署ごとの業績見込みを話し合う会議など）。

◆やじ、笑い声、拍手の処理

会議の音声では、出席者や傍聴者からやじが飛ぶ場合があります。原則としてやじは記載しません。しかし、正規の発言者がやじの内容を取り上げて発言した場合は、記載しないと意味が分からなくなるため、次のような形式で記載します。

> （会場「どうでもいいだろ」）
> 議長　どうでもいいとおっしゃいますが、これは重大です。

会場から笑い声や拍手が起きた場合も、原則として記載しません。記載しないと意味が分かりにくい場合は、（会場笑い）や（拍手）などと記載します。ただし、議決のための拍手や「異議なし」の声は、音声で拍手や声が聞こえたら（拍手）や（「異議なし」の声）などと記載します。会場ではなく話者自身が笑っている場合の処理は、132ページを参照してください。

第10章
動画、聞き取り困難な音声、長い音声

動画起こし／動画の変換／聞き取り困難な音声を起こす／騒音の低減方法
方言の処理／長い音声を起こす／資料の参照／出力校正

やってみよう！

◆さまざまな難しさと目標

　ここまでで文字起こしの主なルールは勉強しました。この章ではより実践的な起こしを3本、体験します。動画、聞き取りにくい音声、長い音声です。

動画 10-1　　　🔊　動画〈ダウンロード教材〉**10-1.mp4**　6分10秒

【難しさ】
・ファイル形式が他と異なる（動画ファイル。拡張子はmp4）
・画面内の資料を参照する

【目標】
・資料を参照して、正確な数値で入力する
・動画ファイルの起こしを体験する（動画ファイルのままでは起こせない場合は、音声ファイルへの変換方法を覚える）

　　　仕様書→10-1shiyo.pdf、**起こし例**→10-1okoshirei.pdf

[動画 10-1 の補足]

　拡張子がmp4の動画ファイルです。

※拡張子が表示されない場合は、38ページの手順で表示させてください。

　動画ファイルにはさまざまな形式がありますが、そのほとんどは**Express Scribeの有料版なら音声ファイルと同じように再生できます**。動画を見やすいように、下画面を広く調整します。

　10-1では、会場のプロジェクターに資料を映して話しています。その**プロ**

ジェクター画面が動画内に映っています。数値や都道府県名が出てきたら、画面の資料を見て確認してください。

◆**動画ファイルの変換方法**

　動画ファイルを再生できない再生ソフトを使っている場合は、次のような手順で起こします。

　　①変換ソフトで、動画ファイルから**音声のみをMP3の形式で抽出**して、MP3の音声ファイルを作成する

　　②作成したMP3ファイルを、文字起こし用の再生ソフトで聞いて起こす

　　③動画ファイルを一般的な再生ソフト（メディアプレーヤーなど）で再生し、音声だけでは分からなかったことを画面で確認して手直しする

OnePoint

> 変換ソフトは、パソコンにインストールされている他のソフトウエアとの相性などによって、うまく動作するかどうかさまざまです。そのため、特定のソフトウエアを推奨できません。Windows用の変換ソフトとしては、Anvsoft社の「Any Audio Converter」（無料）などがあります。ただ、上記①②③のような複雑な手順で文字起こしするよりは、Express Scribeの有料版（価格は数千円）などを使って「変換せずにそのまま起こす」方が、簡単です。

◆**動画ファイルに慣れておこう**

　登録スタッフに手間をかけさせないというポリシーで、どんなファイル形式でもMP3の音声ファイルに変換して渡す文字起こしの会社もあります。しかし動画ファイルは、動画内に映っている資料を見ることができるので、起こす際に便利です。複数の話者がいる音声（会議やパネルディスカッションなど）では、動画を見ればたやすく話者を特定することもできます。私はできるだけ動画のまま在宅スタッフに渡しています。

　YouTubeなどの動画サイトがヒットし、動画に字幕を付ける需要も増加しています。動画の扱いに慣れておくことが大切です。

　10-1は、録音されている媒体が動画ファイルであるだけで、文字起こしは通常通りWordに入力します。これに対して、起こした言葉を字幕として動

画ファイルに付与する（入力する）仕事もあります。このような字幕制作の仕事では、専用のソフトウエアが使われます。

10-1　チェックポイント　1つ5点、100点満点

①　結局、		⑪真っすぐで車も少ない	
②1万6,000人		⑫そんなにいかない	
③一番多い年で1万6,762人		⑬159人が東京、158人が北海道	
④交通戦争というニュースの報道		⑭お話しして	
⑤流れていた		⑮2桁	
⑥官民挙げての		⑯出典	
⑦人口10万人当たり		⑰e-Stat	
⑧8.2人		⑱1人	
⑨数値が3.5人		⑲あとは	
⑩何十人		⑳道路交通政策	

　　　　　　　　1回目　　　　　2回目　　　　　3回目
かかった時間　_____分　_____分　_____分

かかった時間とは、タイピングに要した時間のみではありません。
タイピングした時間＋表記などを調べた時間＋校正した時間の全体です。

音声10-2　　🔊 音声〈ダウンロード教材〉**10-2.m4a**　4分9秒

【難しさ】
・ファイル形式が他と異なる（音声ファイル。拡張子はm4a）
・騒がしい場所での録音
・情報がない（話者が誰なのか、何の話題なのか分からない）

【目標】
・騒がしい場所で録音された音声の聞き取りを体験する
・一般の音声に比べて何倍程度の時間がかかるかを計る
・どうしても聞き取れないところは不明処理することを恐れない
・聞き取れたところを手掛かりに、徐々に内容をつかんでいくというプロセスを体験する
・いつもと異なるファイル形式の起こしを体験する（この音声形式を起こせない場合は、ファイル形式の変換方法を覚える）

仕様書→10-2shiyo.pdf、**起こし例**→10-2okoshirei.pdf

音声 10-2 の補足

　拡張子がm4aの音声ファイルです。
　スマートフォン（スマホ）で録音すると、録音のアプリケーションソフトによってはこのファイル形式になることがあります。
　この音声を再生できない文字起こし用の再生ソフトもあります。その場合は、10-1の動画ファイルと同じく、変換ソフトでMP3のファイル形式に変換してください。Express Scribeの有料版は、このファイル形式も再生できます。メディアプレーヤーなどでも再生できます。

OnePoint

スマホは一般に、内蔵マイクの性能がさほど高くありません。また、ステレオマイク（マイク部分が左右両方に付いている）になっていないものが多く、ステレオ録音ができないという弱点もあります。ですから、録音にはボイスレコーダー（ICレコーダー）を使うべきなのですが、「レコーダーの持参を忘れた」などの事情で、急きょスマホが録音に使われることがあります。

◆騒音の低減方法

　非常に騒音が大きいですね。どうやら前半は路上でのトークのようです。車の走行音や通行人の話し声などがうるさく、話の内容に集中できません。じっくり聞いてみると、男性2名の会話であることが分かってきます。

　起こし例は、●や〓が多い上、確定したところも自信はありません。話者名の誤り（A氏とB氏の取り違え）もありそうな気がします……。

　騒音の低減は、Express Scribeの場合、次のように行います。
　[ファイル]→[音声の特殊処理]→「バックグラウンドのノイズ低減」

　他に、音声編集ソフトで音質を加工する、イコライザーの付いている再生ソフトならそれで調整する、などの方法もあります。

◆加工すると聞きたい声もやせてしまうことがある

　しかし、Express Scribeも含めてどのソフトでも、不要な周波数帯を低減するとき、聞きたい声の成分も多少カットされてしまいます。そのため、聞きたい声が不自然な音質になって（「音がやせる」と呼ばれます）、耳が疲れることもあります。

　また、低減したい騒音も人の声である場合、話者の声と同じ周波数帯ですから、肝心な声も聞こえにくくなることがあります。

◆不明処理することを恐れずに

　聞き取りにくい音声は、難聴音声と呼ばれることもあります。

　不慣れなうちは、●や〓で処理することに不安を感じます。特に実務においては、「こんな状態で納品したら二度と仕事を回してもらえないのではないか。自分の耳が悪いのだろうか。それともパソコンやヘッドホンの性能が低いのだろうか」と悩みがちです。

　しかし、聞き取りにくい音声は（決して多くはありませんが）存在します。個別に●や〓で処理しようにも、数分間にわたって全く聞き取れないケースさえあります。

　数分間にわたって聞き取れない場合は（00:45:22～00:48:01　聴取不能）

というふうにタイムの幅を記載します。

このような音声に取り組むときは、諦めず、かといってストレスもためずに根気よく取り組み、**分からないところは割り切って不明処理**します。

状態の悪い音声を起こすのに、通常程度の音声に対して何倍ぐらいの起こし時間がかかるかは、この機会に計測してください。今後、実務を受注するときの参考になります。

◆方言の処理

話者2名は関西弁と思われる方言で話しています。「方言等もできるだけ生かす」と仕様書にあるので、「つぶれたやろ」などの表現もそのまま起こします。

方言をどう起こすかは、いくつかの仕様があります。
①方言を生かす
②標準語に置き換える
③標準語に置き換えるが、雰囲気を出すため方言を数カ所残す

関西弁は比較的なじみがある方言ですが、それでも「来ない」が土地によって「きいひん」「けえへん」と変わるなど、完全な聞き取り・文字化は地元の人でなければ困難です。ニュアンスを理解して標準語に置き換える方が容易です。しかし、北海道方言の「あずましい」など、「置き換える標準語は存在しない」と地元の人が感じるような独特な言い回しは、日本中に数多く存在します。方言が出てくる音声は非常に難しいものです。

OnePoint
> 私は、方言が出てくる音声は、できるだけその土地在住のメンバーに起こしてもらっています。標準語に置き換えようとしてもニュアンスさえ分からない場合もあるからです。
> 得意な方言がある人は、それがアピールポイントになり得ますね。

10-2 チェックポイント

……**は、作成していません**。起こし例に不明箇所が極端に多いためです。

この音声は体験することに意義があると割り切って、10-3へ進みましょう。

音声 10-3　　　音声〈ダウンロード教材〉**10-3.mp3**　32分13秒

【難しさ】

・やや長い音声を起こす

・直しにくい話し方を体験する

【目標】

・長い音声を最後まで同じ整え方で起こす

　　　　仕様書→10-3shiyo.pdf、**資料**→10-3shiryo.pptx
　　　　起こし例→10-3okoshirei.pdf

音声 10-3 の補足

　飲食店の騒がしさの中ですが、音声10-2を起こした後ではさほど大変ではないかもしれません。音声の内容も平易です。

　話し手の口調がほとんど「始まりまして」「あるので」など、言い切らない形（終止形以外の形）で終わっています。割り切ってそのまま「。」を付けてセンテンスを閉じます。

　これまでで一番長い音声です。実際の仕事ではもっと長い音声はたくさんありますが、入門書ですからこの長さまでにとどめました。最初と最後でケバ取りや整文のレベルが異なってしまわないよう、校正するときに全体を確認してください。

◆**パワーポイント資料について**

　10-3には、PowerPointで作成された資料「10-3shiryo.pptx」が付いています。このファイルを開くことができない場合は、PowerPoint Viewerをダウンロードしてください（49ページ参照）。

◆**出力校正について**

　不慣れなうちは、長い音声を起こしたときは**出力して校正すると確実**です。紙に印刷した状態で見ると、パソコンのモニタで見るのとは雰囲気が違って、新たな気持ちで校正できるからです。

10-3　チェックポイント　1つ5点、200点満点

①納得のいく卒業制作		㉑レクリエーション	
②取るのは科目数が多い		㉒作品制作	
③聞き手：教員		㉓1カ月に1回	
④教採試験が		㉔つながり	
⑤7月		㉕大久保：2年で	
⑥大久保さん		㉖というところまで	
⑦どこだったんですか。		㉗教員免許を取得	
⑧高等学校教諭一種免許状		㉘もともと1年間の契約で	
⑨学校を受けたんですか		㉙更新制	
⑩なっていて		㉚究めていく	
⑪大久保：もちろん。		㉛面白いか	
⑫がくぜん		㉜一回経験	
⑬ずるずると		㉝修了制作	
⑭自分が行けるものと		㉞250キロ	
⑮聞かせてほしい		㉟天井から羊腸	
⑯言うことが選考に		㊱ウインナー	
⑰言い切れない、定め切れない		㊲生み出されてきた	
⑱00：10：07		㊳生かされて	
⑲インスタレーション		㊴だいぶ足踏みを	
⑳なりだして		㊵頂いて	

　　　　　　　　1回目　　　　　　2回目　　　　　　3回目
かかった時間　_____分　_____分　_____分

かかった時間とは、タイピングに要した時間のみではありません。
タイピングした時間＋表記などを調べた時間＋校正した時間の全体です。

●●● コーヒーブレーク ●●●

7-1から10-3まで、ひと通り起こし終わったでしょうか。

仕様書に（笑）が使用可と記載されていても、起こし例にはさほど使われていないので、不思議に思われたかもしれませんね。入っているのは10-3だけです。（笑）の使い方を簡単にご説明します。

（笑）は基本的に、句点の前に入れます。こんな感じです（笑）。←閉じかっこが半角に見えますが、自動的に文字間が詰まって表示されているだけで、入力したかっこは全角です。ちなみに、笑い声を「ワハハ」「ふふっ」などと具体的に描写することは行いません。

言いよどみにいちいち「……」を付ける必要がないのと同様、笑い声が聞こえた箇所にいちいち（笑）を入力する必要はありません。（笑）は全体のバランスを考えながら、特に笑いが大きいところや、入れないと冗談であることが伝わりにくいところに入力することが大切です。

もう会社辞めたらどうですか（笑）。

（笑）を付けないと、相手に対する強い批判に読めてしまいます。冗談で言っていることが話し方から明らかであれば、このように（笑）を付けることで、読んだ人に発言の意図が伝わりやすくなります。

実務をスタートしよう、そしてさらに学ぼう

- 在宅ワーク（テレワーク）の知識

- Q&A　よくある質問

在宅ワーク（テレワーク）の知識

　ここまで、音質の悪い音声、長い音声などいろいろでしたね。学習は順調だったでしょうか。

　私は文字起こしのオンライン講座で講師をしています。受講した人から、**「もっといろいろな音声・もっと長い音声を起こしたかった」**という感想をいただくことがあります。本書も、今そう思っている方がいるでしょう。その理由はどんなことでしょうか。

> 文字起こしは充実感がある！
> もっともっと起こしたい

> まだ実務に踏み出す自信がない
> もっと起こしたら自信が付くかも

　さらなる充実感を求める方、ぜひ実務をスタートしてください。実際の音声は、本書以上にバラエティーに富んでいて楽しいですよ！

◆**自信がない人は実務に向いているかも**

　まだ実務に踏み出す自信がないという方。

　もっと起こしたら自信が付くかもしれませんが、さほど変わらないかもしれません。教材のせいというより、あなたが心配性なのかもしれないからです。でも、**心配性な人は文字起こしの仕事に向いています。いつも不安なので、ミスをしないよう真剣に取り組むからです。**

　思い切って実務に踏み出してみてください。仕事をスタートしてからも勉強を続けるべきなのですし、仕事を始めてからが本当の勉強ですし（これはどんな仕事でも同じだと思いますが）。

　ただし、**「正社員やアルバイトは経験があるけれども、在宅ワーカーという働き方はよく知らないから不安」**ということはあるかもしれませんね。文字起こしの在宅ワーク（非雇用型テレワーク）について、もう少しご説明します。

◆文字起こしの報酬は1分単価×起こした音声の長さ

　セミナーで講師をしていて「ご質問は」と言うと会場がしーんとしますが、「ぶっちゃけた質問OKです、お金とか」と水を向けると、たくさん質問が出てきます。例えば……。

> いくらぐらい稼げますか

> 休みは取れますか

> 1日に何時間働ければ大丈夫ですか

　これらの質問は、在宅ワークにおいては、つながっています。

　音声10-3は、仕上げまでで何時間かかりましたか。**10-3の時間を倍にしたものが、現在あなたが音声60分を起こす所要時間**と考えてください（10-3は32分ですから倍だと64分ほどですが）。

やってみよう！

①音声60分にかかる時間（10-3の時間×2）　　＿＿＿＿＿時間
②文字起こしで稼ぎたい理想の金額　　月に＿＿＿＿＿円

以下も記入してみてください。
③1週間に可能な作業時間　　＿＿＿＿＿時間
④1カ月に可能な仕事時間（③×4週）　　＿＿＿＿＿時間
⑤1カ月に起こせる音声の長さ（④÷①）　　＿＿＿＿＿時間
⑥現実に可能な金額（⑤×6000円）　　1カ月に＿＿＿＿＿円
　　※報酬1分当たりの単価が100円と想定して、音声1時間だと6000円

　さて、②と⑥は同じ程度になりましたか？

　在宅ワークは自営業ですから、休みは自分で決めていいのです。「週に3日しか営業しない、こだわりのそば屋」なども耳にしますよね。1日の仕事時間も自由です。でも、もし理想の金額②よりも、現実に可能な金額⑥が大幅に低いなら、まずは仕事ができる時間を増やすことです。

「昼間は出掛けるけど、夜に少しやろう」
「平日はあまりできないけど、土日にがっつりやろう」

　などと、時間の使い方を検討してみてください。

◆登録型では「報酬」、直請け型では「料金」

　音声1分当たりの報酬単価は、⑥では100円としましたが、実際にはさまざまです。登録した当初は安いけれども、経験に応じてだんだん単価がアップする会社もあります。

　登録型は、先方に提示された単価を了承する（納得できない金額ならその会社では仕事をしない）というのが基本です。その点、**直請け型なら料金は自分で設定できます**。文字起こし会社のウェブサイトで料金表を見て、それと同じ金額を設定することも自由です。

◆やはり効率アップがカギになる

　⑥は「現実に可能な金額」と書きましたが、**実はこれも理想的な数字**です。あなたのペースに合わせて、仕事が全く途切れず入ってくるという仮定だからです。なかなかそう都合良くはいかず、閑散期には仕事がもっと少ない可能性もあります。

　また、1週間に起こせる音声の長さがもし30分程度であれば、トライアルの成績がどんなに優秀でも、仕事は回してもらえないと覚悟してください。1週間に30分どころか、1日に30分起こせる人は大勢います。1日に60分起こせる人だっているのです。

　音声を小分けすればその分、請求書の確認や報酬の振り込みなどに企業は手間がかかります。スキルが同じなら量をこなせる人が優先されます。

　最低でも1週間で音声60分。できれば1週間に音声120分以上起こせるのが理想です。十分な仕事時間が取れない場合は、効率アップがカギです。表記を覚え、ネット検索に習熟し、タイピングのスピードを上げる大切さが身にしみますね。

◆在宅ワーカーに労働法は適用されない

　在宅ワーカー（自営型テレワーカー）には、労働法が適用されません。在宅スタッフとして登録する場合でも、本質は独立した自営業者だからです。ですから、最低賃金は適用されませんし、けんしょう炎などになっても労災は適用されません。仕事先や仕事時間の選択は自己責任です。

その代わり、納得できるなら仕事形態は自由です。例えば夜型の人は深夜に仕事してもOKです。終電に間に合わないなどという心配が要らないのは、在宅ワークの大きなメリットです。

◆どんな会社に登録したらいいか

　お金以外で多いのは、「登録型で仕事をしたいが、どんな会社に登録したらいいか」という質問です。これは簡単です。**自分が文字起こしの仕事を発注する側になったときに依頼したい会社**を、ネット検索で探せばいいのです。

　例えばこんな設定で探してみてください。

> やってみよう！
>
> 私は会社員。業務に関連する法律が改正になったので、社内に周知するための研修会を行ったが、仕事が忙しくて出席できなかった社員もいる。研修会音声の文字起こしをしてその人たちに読んでもらおう。でも自分も忙しい。上司に相談したら「文字起こしを外注すれば？」とのこと。

　自分が頼みたい会社なら、他の人も頼みたいはずです。ということは、その会社には仕事がたくさんあるかもしれません。そういう会社のウェブサイトに「在宅スタッフ募集」といった言葉が記載されていたら応募しましょう。

　ここならと思える会社に出合うまで、キーワードを変えて探してください。「文字起こし」だけでなく「テープ起こし」や「速記」。起こしたものは、会議の音声なら「会議録」「議事録」になりますから、それらのキーワードもおすすめです。探しているうちにネット検索も上達して、一石二鳥です！

◆指導は受けられるか

　最初の数回は、校正者が赤字を入れた原稿を本人にフィードバックするという会社が多いようです。

校正者が手書きで修正箇所を書き入れるのではなく、Wordの[校閲]→[変更履歴の記録]という機能がよく使われます。

　初回の仕事では、テスト納品するのも良い方法です。音声冒頭の5分程度を起こして校正し、その段階で先方に一度チェックしてもらうというものです。ケバ取りや整文の加減についての理解をすり合わせるのに便利です。

Q&A　よくある質問をまとめてみました

> 守秘義務って？

仕事上で知った秘密を他人に教えてはいけないという義務です。文字起こしをする者は通常、守秘義務についての契約書を登録先と交わしますから、違反すれば当然訴えられます。たとえ契約書がなくても**職業的な倫理**として、音声で知ったことを人に話したり、メールやSNSその他に書いたりしてはいけません。

例えば、「日本の人口」は音声に出てきても秘密には当たりません。しかし、「音声で、○○が日本の人口を20億人ぐらいって言ってたよ、バカだよね」などと人に話すのは、いけません。

トークの内容が雑誌やウェブで正式に公開されても、記事の内容と元の生々しい音声はまた別物です。○○さんのトークを起こしたということ自体も、原則として人に話してはいけません。

私は在宅ワーカー時代、書籍の「編集協力」や「制作協力」の欄に名前を掲載してもらったことが何度かあります。その場合でも、言っていいのはその書籍の取材音声を起こしたということだけで、音声に出てきた発言の中身を言ったり書いたりはしていません。また、データを流出させないという意味では、不要になったパソコンの処分や校正時に使った出力紙の処分なども、慎重に行いましょう。

> 易しい内容だけを受注できる？

難しい音声は起こせそうにない、易しい音声だけを受注できないだろうか。その気持ちは分かりますが、内容が専門的、音質が悪い、発言する人が多くて話者名を特定しにくいなど、たいていの音声は何らかの意味で難しいのです。起こしやすい案件だけ受注するというのは無理です。

これに対して**「得意な分野中心に起こしたい」というのは有効**です。「元薬剤師だから医薬系は知識がある」「関西在住だから関西弁の案件なら任せて」など、自分のPRポイントは日ごろから伝えておくといいでしょう。

> もっと勉強するには？

仕事に応募しつつ、勉強も続けることが大切です。

最も大事なのは、**テレビのニュースを見ることと新聞を読むこと**です。本書の音声では、7-1で国際的な会計制度、9-1で指定管理者制度が出てきました。時事問題への知識は大切です。

音声には、故事成語や四字熟語なども出てきます。『文字起こし技能テスト』は知識編の第3領域が「言葉の知識」です。このようなテストも勉強に活用できます。

他にも、勉強方法はたくさんあります。

　①**表記を覚えるには**→普段のメールなども正しい表記を調べて書く
　②**ネット検索に慣れるには**→知らない言葉に遭遇したらすぐネット検索で調べる（パソコンの前にいなければスマホを使ってもよい）
　③**校正力を高めるには**→何を読むときも、誤字などを探す

特に③を、私は**「陰険な目を養う」**と名付けて重視しています。自分の原稿を校正するためには、他人の原稿を校正する力が必要だからです。

> 関連する仕事とは？

文字起こしと特性が似ていて、国語好きなあなたに向く仕事は、他にいくつかあります。

例えば「陰険な目を養う」能力が付けば、**校正者**としても活躍できます。トーク内容の理解力とタイピングの腕前を生かして、**パソコン要約筆記者**として社会貢献している人もいます。日本語以外（英語など）の語学も得意なら、**翻訳や外国語の文字起こし**。文章力と調査力を生かして**ライター**と兼業するという道もあります。

もちろん、文字起こし一筋という道もクールです！

●●●あとがき●●●

　60年近く前に録音された音声を起こしたことがあります。その音声に「きゅうじ」という言葉が出てきました。「球児」ではなく「給仕」です。この言葉、昔は飲食店のウエーターという意味に限定せず使われていたようです。

　漫画『サザエさん』の初期の作品では、給仕と呼ばれる少年たちが企業のオフィスで細かい用事をしていたと思います。私が受注した音声では「訪問先の会社で、給仕に〇〇課の部屋に案内された」という発言でしたから、漫画のシーンが頭に浮かんですぐ理解できました。

　国語好きな人は読書も好きかもしれませんね。言葉を知り、知識を広げるには、どんな本も役立ちます。漫画も絵がある分、記憶しやすくていいと思います。かつて私の母が全巻そろえた『サザエさん』が、今になって私の役に立つぐらいですから。

　本書は多くの方にお世話になりました。特に、熟練の声優なのにこちらのリクエストに応じてつっかえた話し方をしてくださった小島英樹さん（アミュレート）と、ファンタジックな表紙をデザインしてくださった天野勢津子さん（あまちゃ工房）に御礼申し上げます。

廿里美（にじゅう）

国語好きを活かして在宅ワーク・副業を始める
文字起こし＆テープ起こし即戦力ドリル

2017年10月25日　初版第1刷発行
2018年10月 5日　　　第2刷発行

著　者　　廿　里美
発行人　　長谷川志保
発行所　　株式会社エフスタイル
　　　　　〒107-0062　東京都港区南青山3-6-7-3F
　　　　　TEL 03-3478-0365　URL https://www.f-st.biz/
印　刷　　日経印刷株式会社

© F-style 2017

乱丁・落丁本はお取り替えいたします。
本書掲載の記事、写真、音声教材等の無断複写（コピー）、複製（転載）を禁じます。本書を代行業者などの第三者に依頼してデジタル化することは、たとえ個人や家庭内の利用でも著作権法違反です。

ISBN 978-4-9904934-6-2　　Printed in Japan